今をどう生きる

益川敏英 × 沢田昭二

科学・震災・核・被曝を語る

旬報社

東日本大震災をもたらした二〇一一年三月一一日の東北地方太平洋沖地震によって引き起こされた東京電力福島第一原子力発電所の事故以来、わが国では、科学における「対立」を憂う声が少なからずあります。

「対立」の一方は、政府および《科学》から発せられる「意見・主張」。そしてもう一方は、それを批判する《科学》の側から発せられる「意見・主張」です。一部には、相互の理解によって解消・発展させようとする試みもありますが、現状はコミュニケーションが「一方通行」であったり、あるいは「批判の応酬」「無視」といった状態が続いています。

なぜ、そのような対立が生まれるのでしょうか。科学の対立は、学問上の対立にとどまらず、私たちの日々の生活や社会の安全に大きな影響を及ぼします。本書では、その「対立」の根源を探りつつ、さらに広く「科学とは何か」「学問とは何か」「真理とは何か」をめぐって、戦後日本の「科学」再出発の時期に、当時の日本学術会議において指導的役割を果たした坂田昌一博士に学んだノーベル物理学賞受賞者の益川敏英博士と、現在は被曝問題の研究者でもある沢田昭二博士に語っていただきました。

科学者、研究者、市民一人ひとりが、科学とどのように向き合って、今をどう生きるのかをご一緒に考えたいと思います。

（司会　ジャーナリスト：田代真人）

今をどう生きる　科学・震災・核・被曝を語る　目次

Ⅱ　科学者としての運動　53

Ⅲ　科学と被曝問題　89

Ⅳ　沢田昭二さんの問題提起　119

I　科学するとはどういうことか

基礎科学の大切さ

田代　三・一一を契機に、あらためて被曝問題や原発問題、そして最近では政府の安全保障政策との関係で軍事研究の問題をめぐって、国民の間でも議論がなされています。ただ、政府系の研究者からの発言のほうが圧倒的に量が多く、またメディアも多く取り上げるため、メディア、研究者、学会などを見ていると、どうも体制に寄り添う傾向が強いように感じます。「科学とは何なのか」「いま科学はどういう状況なのか」ということを考えざるをえません。そういうなかでの、科学者や学問研究、あるいは大学のあり方などについて議論していただき、さらには「人生観」などについても思いを展開していただければと思います。益川先生は、「科学者である前に人間たれ」という坂田博士の言葉を座右の銘にしていらっしゃいます。今こそ、そういうことが問われている時代だと思います。

益川先生は、ノーベル賞を受賞された翌年の二〇〇九年、麻生太郎総理大臣のときに、麻生内閣メールマガジン第一五号の「この人に聞きたい――ノーベル賞受賞して思う」に、投稿されていますね。基礎科学の意味と取り組む学問の重要性について問題提起をされていますが、当時、どのような思いでそのような文章をお書きになられたのでしょうか。また、今日の状況をどう見ておられるのかについても、お話しいただければと思います。

麻生総理メールマガジンへの投稿

この人に聞きたい「ノーベル賞を受賞して思う」

二〇〇八年ノーベル物理学賞受賞者、京都産業大学教授　益川敏英

今回の受賞以後機会あるごとに発言してきたが、近年受賞者が多数出ているからといって、現在の日本の科学の現状が万万歳ということにはならない。受賞理由が同じである私と小林誠博士の場合でいえば、一九七二年の仕事であるが、最終的に実験で検証されたのが、二〇〇二から〇三年である。昨年我々と同時にノーベル物理学賞を受賞された南部陽一郎博士の場合はもう少し早くても、と思うが、現在評価されているのは、三〇年程前の仕事である。決して選考する側の対応が遅いのではない。現在の学術状況の結果の

評価は、三〇年程後に現れるのである。これがいいたいことの一つである。

今一つは、現在は基礎科学への関心も表面的にはあるが、底の浅さを感じる。基礎科学といった時何を指すのかは使う人により違うが、あえて、まだ何の役に立つか分からないが、研究者が夢中になって取り組んでいるもの、という極端ないいかたをした場合、現在日本において系統的に基礎科学を支えている組織は大学にしかない。

その大学の基礎科学が危ないのである。近年研究にはお金がいる。また科学は力をつけ、生活に密着した分野でも発言できる様になりつつある。これはこれで結構なことであるが、限られた資源のなかで、役に立つ科学・分かりやすい科学・大学の外で市場原理のもとで成り立つ科学などが研究費の餌場として雪崩れ込んでいる。これはこれでしっかりした支援体制が必要であるが、広い意味の科学に栄養を供給する基礎科学を維持し発展させるしっかりした体制を作り上げるのも急務である。

総合大学は役に立つ科学への栄養源と広い分野への人材の供給に特化すべきであろう。

益川　麻生さんには会いに行きました。国会の最中だったので、一〇分ぐらいの時間でしたが。そのときごちそうになった日本茶が本当においしかった。総理大臣はこんなおいしいお茶を飲んでいるのか、〝このやろう〟（大笑い）なんて思ったりしましたね。

田代　いわゆるゲスト用のお茶ですか？

益川　普通に出されたお茶だと思うのですが、それが上等なんだ。（笑い）

科学と基礎科学、学問と哲学

益川　それはともかく、基礎研究というのはどういうものか。たとえば、私たちのように素粒子に取り組んできた研究者からすると、すでにクォーク[※1]の研究という点では終わってしまっているんですね。そこから先をやろうとすると、重力をターゲットに入れなければなりません。しかし、重力をターゲットにすると繰り込み[※2]というか、計算ができない。

それではどうするかというと、たとえば次元を一〇次元に高めると、発散の問題が穏やかになるのです。そんな何の証拠もない仮想のものを手掛かりに、研究を進めています。

田代　そういうかたちで基礎研究を進めていくことは、ある意味必然であると思いますが、現在の大学ではそれがうまくいかないのでしょうか。

益川　そう考えなければならない必然性がないんですね。

沢田　唯一の根拠は、理論が繰り込み可能であるという原理を持ってくるということです。そういう繰り込み可能な原理の理論としては、次元を高めて四次元から一〇次元にしなければならないという、そういう問題になっているのです。そうすると繰り込み可能性を最大の重要な原理だとする研究者は、この一〇次元の理論のほうが正しいと思い込んでしまうことになります。しかし、実験的に実証されているわけではありませんし、そういう次元が、どういう役割をもっているかといった議論もあります。また、その次元の高い粒子がいろいろな多様性に化けるという議論もあるのですが、まだ実験的に証明されていないので、なかなかそこからの進展が難しいのです。

田代　政府は、文科系学問を軽く見る傾向があります。いわゆる市場原理的に役立つ科学には資金を出すが、あまり技術発展や経済成長に必要のない文系分野の講座は廃止するという方向に動いています。下手をすれば「学部ごと廃止してしまう」という発言さえ、文部科学大臣か

ら聞かれました。

そうした動きのなかでは、理系分野でも、基礎科学がますます重視視されなくなってきています。基礎科学というのは理系だから大切だというだけではなく、その根底に流れている哲学が非常に重要だと思います。しかし、そういう科学や学問の基本がますます貧困になってきている気がしますが。そういう現状をどう思われますか。

益川　学問が発展してきた歴史を忘却しているのではないでしょうか。メディカルドクター（ＭＤ）と、フィロソフィカルドクター（Ｐｈ・Ｄ）と、この二つなんです。私たちが研究している物理は自然哲学の一部だったのです。物理は、自然哲学の分野に含まれています。「物理に哲学は不要である」という考え方は間違っています。とくに、素粒子などの研究をしていると、ターゲットが見えないことがよくあります。そういうとき、「こういう考え方が成り立つのか」と理解するためには、やはり哲学というものが参考になるのです。とくに私のなかでは、ヘーゲルの考え方が役に立っています。

田代 ヘーゲルといえば、坂田博士も書いていらっしゃる弁証法ですね。そういう素地があってこそ、物理学や素粒子物理学の研究をより深いものにできるということでしょうか。

益川 たとえば、点数をとるための問題であれば、哲学は必要ありません。しかし、素粒子などの研究を行なっていると、自分の考えが本当に成り立つのかわからず、どうしても不安になってくるわけです。そういうときにはやはり、哲学が参考になるのです。

田代 つまり哲学は、「ものの考え方をその背後から支えている」ということなんでしょうね。最近日本ではノーベル賞の受賞が相次いでいますが、それらは三〇~四〇年前の学問によって支えられてきたわけで、そういう基礎科学、つまり種をまくところが大事ということなのでしょうか。

益川 最近ノーベル賞を受賞した日本人研究者は、医学や物性を研究している方々ですが、こうしたテーマは比較的手近なところの現象を扱っています。しかし物理学の素粒子や宇宙論などになってくると、手探りで研究するしかありません。そういう手探りな分野には、自分の考え方が色濃く反映してくるわけです。したがって、陰に陽に哲学が絡んできます。自分は哲学など関係ない、といっても、関係ないという考え方そのものが、その人のバックグラウンドにあるわけですから。

沢田　二〇一五年に梶田隆章さんたちが「ニュートリノが質量をもつことを示すニュートリノ振動の発見」によってノーベル賞を受賞したとき、ただちに思い出したのは、彼らの仕事の基礎になった、坂田昌一博士、牧二郎博士、中川昌美博士の三人が一九六二年に発表した「ニュートリノ振動の予言」でした。これはもともと坂田博士が一九四二年に発表した「二中間子論[※3]」がベースになっているわけです。そして実際、実験的にニュートリノが二種類あることがわかってくると、今度は、「二種類のニュートリノにもし質量があり、それがわずかに違っていたりする場合はニュートリノ振動が起こる」という説を一九六二年に発表したのです。

私は、その学説を導き出した根拠というのがすごいと思っています。つまり、質量がわずかに違うニュートリノがあったとき、それを実験的にどうやったら確認することができるか、というところまで掘り下げておられるんです。ということは、さっきの現象から、どう学ぶかということと、二種類あるかということと、質量があるかどうかということの実体と結びつけ

益川敏英さんの名古屋大学の居室（素粒子宇宙起源研究機構 機構長室）に掲示してある、「坂田昌一博士」の直筆

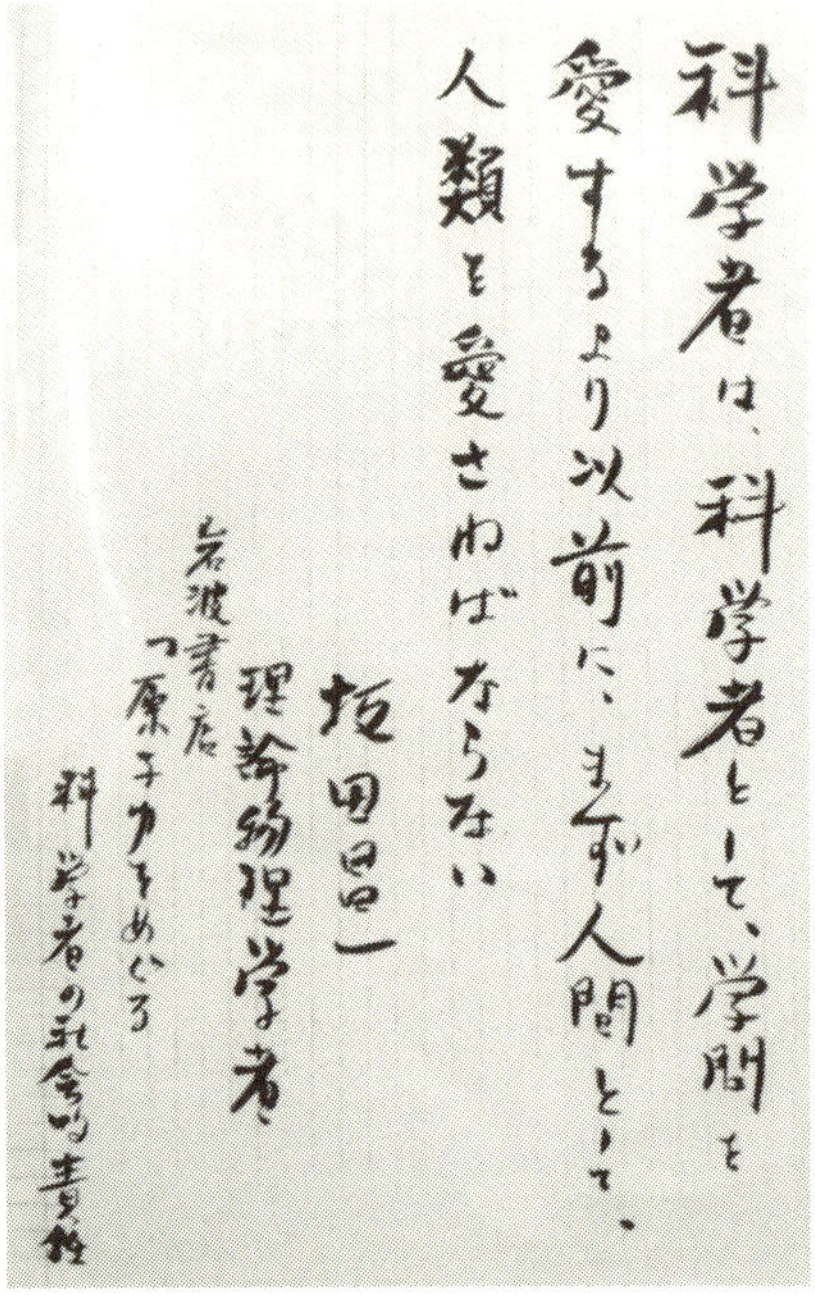

科学者は、科学者として、学問を
愛するより以前に、まず人間として、
人類を愛さねばならない
坂田昌一
理論物理学者
岩波書店
「原子力をめぐる
科学者の社会的責任

て、そしてそれはニュートリノ振動という現象を引き起こすことでわかるんだという、そこまで突っ込んであの時点で考えられたというのはすごいなと思います。

　こうした坂田博士らの取り組みは一九六二年でしたが、梶田さんたちがノーベル賞を受賞したのは二一世紀に入ってからの二〇一五年。つまり、アイデアが出てから五〇年以上も後のことです。益川さんたちの仕事は一九七〇年代のものです。七二年に見つけて、論文は七三年、ノーベル賞は二一世紀ですが、若い人たちがそういう発想のところに到達できるかどうか。今の研究・教育の雰囲気からすると、だんだん遠ざかっているように感じるのですが、そこがちょっと心配ですね。

田代　象徴的な話ですが、いま防衛省が資金を出して研究を募っています。しかし、そうした資金による研究は学問研究の本質を曲げてしまうのではないか、という危惧の声があります。これについてはいかがでしょうか。

益川　今のところ防衛省のプロジェクトがそれほど大きな問題ではないにしても、怖いのは慣らされていくことなんです。そのうちに研究者と自衛隊の人たちが昵懇になって、今度は「我々はこういう問題を抱えていますが、それを解決する方法はないのでしょうか」と、自衛隊から相談されるようになります。そうやってだんだん取り込まれてしまうことが恐ろしいのです。

実際にアメリカでも、一九六五年にベトナム戦争を意識して、研究者を取り込むためにジェイソン機関が作られます。これは、ノーベル賞級の研究者を三〇人ぐらい集めた会議なのですが、そこでは本当に愚かな議論が行なわれていました。米兵たちがジャングルで、それぞれ敵を何人殺したかを報告するのですが、みなが水増し報告をするので、その数は膨大になり、報告どおりなら敵はいなくなっているはずなのに現実にはまだいる。そこで、そうした水増し報告を禁止するにはどうしたらいいのかということで、ジェイソン機関は「左耳を切り落として持ってこい」というアイデアを出すわけです。

このような議論に研究者がかかわってしまったら、もうその人はベトナム戦争に反対できなくなります。そして今度は、それを踏み台にして、どんどん深みにはまってしまう結果になってしまうのです。

田代　防衛省が出した資金が直接軍事に結びつくわけではないといってはいますが、こうした動きに、大学側はどのような態度を示しているのでしょうか。

益川　大学側には抵抗力がなくなってきています。それは本来、大学に対して文科省が出すべき研究のための資金が不足しているからです。そして「自分がしっかりしてれば大丈夫」ということで、自衛隊の研究助成制度などに軽い気持ちで応募していくわけです。

※1　素粒子グループの一つ。物質の基本的な構成要素。

※2　場の量子力学で使われる「繰り込み」とは、質量や相互作用の結合定数の計算結果が無限大になってしまうのを有限な実測値で置き換える数学的な技法であるとともに、相互作用を通じて繋がる影響をすべて取込んだ場の量子力学とする重要な手段と考えられる。

※3　宇宙線中に一九三六年に見出された電子の約二〇〇倍の質量の素粒子は、湯川秀樹博士が一九三五年に予言した核力を媒介するπ（パイ）中間子ではなく、電子と類似の性質を持つ、今日でいう第二世代のレプトンのμ

（ミュー）粒子で、電子と対で生成されるeニュートリノと同様、μ粒子とμニュートリノが対で生成されると考えて坂田博士が井上健博士と一九四二年に提唱した理論。一九四七年に二中間子論が正しいことが実験的に示され、一九六二年にμニュートリノはeニュートリノと異なることが実験的に確認された。

名古屋大学物理学教室憲章

田代　名古屋大学には名古屋大学物理学教室憲章（参考1）があり、また名古屋大学平和憲章があります。戦争などへの加担はしないことを意識的に盛り込んだのでしょうか。

益川　最初の動機はやはり、第二次世界大戦への反省からだと思います。実際に素粒子理論研究室では、一九四六年に坂田博士が、第一回研究室会議のあいさつで、研究室の組織運営の民主的で合理的なあり方を述べられました。これを聞いて研究室だけでなく物理学教室全体が民主的な組織として活動できるようにしよう、そのために物理学教室憲章をつくろうということに発展したということです。

田代　第一回研究室会議のあいさつは現在の坂田資料室に展示されている手書きのもの（写

真）ですね。

沢田　坂田博士は戦時中の疎開先の原村でJ・D・バナール※4の『科学の社会的機能』を読んで、戦争が終わったら、従来の講座制で教授が支配する大学の研究室を変革して、どのような民主的な研究室を作るかについて思索をされていました。それが第一回研究室会議のあいさつで、事前に周到な準備をして行なわれたものです。

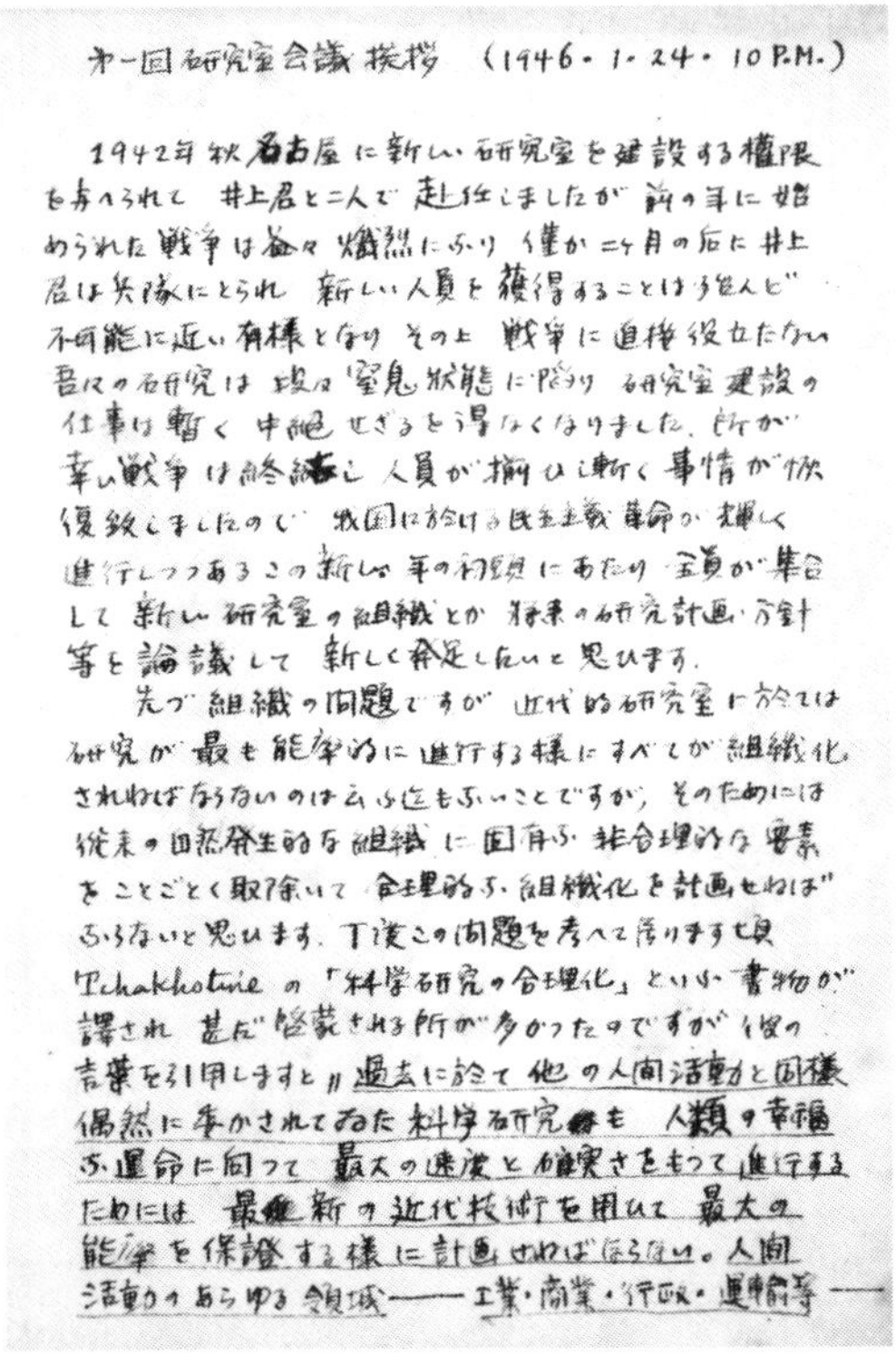
第一回研究室会議挨拶（1946・1・24・10 P.M.）

1942年秋名古屋に新しい研究室を建設する権限を与へられて井上君と二人で赴任しましたが前の年に始められた戦争は益々熾烈になり僅か二ヶ月の后に井上君は兵隊にとられ新しい人員を獲得することは殆んど不可能に近い有様となりその上戦争に直接役立たない吾々の研究は段々窒息状態に陥り研究室建設の仕事は暫く中絶せざるを得なくなりました。所が幸い戦争は終結し人員が揃ひ漸く事情が恢復致しましたので我国に於ける民主主義革命が輝しく進行しつつあるこの新しい年の初頭にあたり全員が集合して新しい研究室の組織とか将来の研究計画・方針等を論議して新しく発足したいと思ひます。

先づ組織の問題ですが近代的研究室に於ては研究が最も能率的に進行する様にすべてが組織化されねばならないのは云ふ迄もないことですが、そのためには従来の自然発生的な組織に固有な非合理的な要素をことごとく取除いて合理的な組織化を計画せねばならないと思ひます。丁度この問題を考へて居ります頃Tchakhotineの「科学研究の合理化」といふ書物が訳され甚だ啓蒙される所が多かったのですが彼の言葉を引用しますと〃過去に於て他の人間活動と同様偶然に委かされてゐた科学研究も人類の幸福な運命に向つて最大の速度と確実さをもつて進行するためには最新の近代技術を用ひて最大の能率を保證する様に計画せねばならない。人間活動のあらゆる領域——工業・商業・行政・運輸等——

「名古屋大学平和憲章」は、核軍拡競争が続く一方、環境破壊や資源枯渇や飢餓と貧困と不平等が拡大している状況のなかで、戦争に加担するあやまちを繰返さないだけでなく、平和のための研究と教育の成果を社会に還元するなど、大学の平和のための積極的役割を確認する内容になりました。一九八七年二月五日、全学構成員（教職員、大学院生、学生）の三年間の議論を経て制定されました。各学部を代表する方々による起草委員会（起草委員長は小川修三理学部長）によって起草された草案を全学討議に付し、修正された憲章案を全構成員による投票によって制定されました。「名古屋大学平和憲章」の背景には、直接的ではありませんが、坂田博士の科学者の役割についてのお考えや物理学教室憲章の存在も背景にあったと思います。

私も一九五四年のビキニ事件以降、最初は学生として原水爆禁止運動にかかわっていました。研究者になってからも、湯川秀樹博士、[※5]坂田昌一博士、朝永振一郎博士[※6]の第一世代の人たちが科学者としての運動をされておられたので、そのお手伝いをさせていただきました。そうした運動のなかで、研究面でもいろいろ教えてもらいましたし、科学者としての在り方もそこから学ぶことができたわけです。それもある意味では「二足のわらじ」かもしれないですね。

※4　ジョン・デスモンド・バナールは、若い頃から科学の社会における役割に関心を持ち、科学者の社会的活動や平和運動の組織にも関わり、『科学の社会的機能』（一九三九年）やマルクス主義の立場からの科学史『歴史における科学』（一九五四年）などの著書は科学者に大きな影響を与えた。

※5　物理学者。原子核内部で陽子や中性子を結合させる相互作用を媒介するπ（パイ）中間子を予言。一九四七年、日本人初のノーベル賞を受賞。
※6　物理学者。場の量子論を一新、繰り込み理論の手法を発明した。一九六五年、ノーベル賞受賞。

「講座制」から「教室会議制」へ

田代　戦争中、坂田博士らの研究室は、長野県原村に疎開されましたね。それは学生もいっしょだったのですか。また、教室憲章なども教官と学生がいっしょに作ったのですか。

益川　それは教官だけでやりました。そういう意味では、名古屋大学の教室会議制度の試みは徹底していました。

田代　それは、名古屋大学[※7]が大学として新しかった、という面もあるのでしょうか。

益川　それだけではなくて、教室会議制度は戦後すぐできるのですが、信州に物理教室が疎開しているときに、かなり深く教室会議制度について議論されたのではないですかね。戦争が終わったら、講座制ではなくて教室会議制度に移るんだということを、みんなで議論してきたのだと思います。あまりそれについての資料は残っていませんが。

田代　長野に疎開された研究者のなかに当然坂田博士なども参加されているわけですか。

益川　教室で疎開するわけですから当然博士も疎開されていました。学生は行ってないと思いますが、授業もしなければならないので、連れていったのかもしれません。そのあたりの資料があまり残っていないのです。

田代　当時先生方がご尽力されたのはよくわかりますが、一方の学生の側も、それをやろうという気概がないと、なかなかできることではないでしょうね。今の学生と比べるのもかわいそうですが、今ではそういう気概を持ちにくくなっている気がしますが、いかがですか。

益川　時代の情勢もあるでしょうね。それから、陰に陽に七〇年安保の混乱が影響しているのだと思います。今の学生は、本当に真面目で良い子なのですが、意見をいわなくなりました。何をいっても無駄だと思っているのでしょうか。

田代　一言でいうと、挫折感をひきずっている、と。

益川　そうなのでしょうね。

田代　あれだけやっても結局安保は押し切られた、という思いですね。六〇年安保[※8]から七〇年安保、日韓闘争[※9]もあれば、ベトナム反戦[※10]もありました。あのころはいろいろな問題があり、学生運動自体はかなり盛り上がっていたのですが。

益川　そして運動の側も、暴力的な方向に行ってしまいました。

田代　当時の学生運動は、ある部分は暴力的な方向に行ってしまい、それに加えて、教授を当面の敵としてつるし上げるという風潮が全国的に出てきました。私の経験でも、大学が封鎖されて、教室にも研究室にも入れないので、しかたなく喫茶店でいろいろやっていましたが、それも長続きしませんでした。そうやって結局は、講座もゼミもできなくなってしまいましたね。

沢田　名古屋大学ではそういう影響は比較的小さかった。

益川　名古屋大学の紛争は、東大と京大のあとに起こっているので、一応、双方のケースに学んだ結果だと思います。それから「外人部隊」（当事者大学以外の学生）があまりいなかった。外人部隊がいると大変なことになってしまいます。

沢田　物理教室の中でも、そういう影響を受けた学生がいろいろなことをやるわけですね。しかし、物理学教室は教室憲章をベースに民主的に運営されているわけです。そのことを彼らが理解しないので、「これをちゃんと理解しなくてはいけないよ」と逆に教えるという関係がありました。あるときは、豊田講堂の中で彼らはそういう騒動をやったのですが、名古屋大学には民主的な学風があるということを学生に教えるということで、暴力学生などを僕が無理矢理引っ張り出したりしました。結局、彼らは少数派でしかなかったですね。

彼らは教養部を占拠して封鎖したのですが、その周りを封鎖に反対する人たちで長い間取り囲んでいたので、彼らは何もできませんでした。何もできないものだから、とうとう自分たちが警察を呼んだんです。

田代　それは彼らにとって、最大の屈辱でしたでしょうね。

沢田　名古屋大学に警官が入ったのは彼らが呼んだからです。それ以来、彼らの影響力は完全になくなりました。

※7　一九三九（昭和一四）年に我が国最後の帝国大学となり、学制改革により四九（昭和二四）年に新制名古屋大学となった。

※8　一九五一年に日本は敗戦による占領状態を終結したサンフランシスコ講和条約を四九ヵ国と結び、その後は個別に結んだ。その際、アメリカが日本と秘密裏に米軍基地で結んだものが米軍の日本駐留を認めた日米安全保障条約である。その改定をめぐり安保条約破棄を求める世論が盛り上がり、岸信介内閣を揺るがす闘いとなった。安保条約は改定されたが、岸内閣は退陣に追い込まれた。

※9　一九六五年の佐藤栄作内閣の日韓基本条約締結をめぐり、日米韓軍事同盟化に反対する国民の闘い。

※10　一九六一年からのアメリカのケネディ政権のベトナム侵略戦争と戦うベトナムの人々と連帯する日本国民の闘い。

科学者は、学問を愛する前にまず人間として……

田代 こうした議論を追っていくことで、私たちは坂田博士のおっしゃっている「科学者は科学者として学問を愛するより以前にまず人間として人類を愛さねばならない」という結論に到達できるのではないでしょうか。

一九六一年に出版された『科学』四月号に「素粒子三〇年」という座談会があります。坂田博士の著書『科学と平和の創造』（岩波書店、一九六三年）にも収録されていますが、座談会の締めの部分で湯川秀樹博士が「私たちはこの一〇年間ぐらいの間（一九五〇〜六〇年くらい──編者）、ヒューマニズムとの結びつきをいつも考えてきた。古い割り切った形でのアカデミズムでは『社会は社会、学問は学問』と別々と考えてきた。しかし物理学者は、人間社会の中で学問をやってる場合は相互に影響するものだ、という考え方をする」と述べられています。

ちなみにこの座談会は、司会の坂田博士をはじめ、湯川博士、朝永振一郎博士、武谷三男博士[※11]と、そうそうたる方々が参加されています。

一九五二年に坂田博士が書かれた「科学者は科学者として、学問を愛する以前に、まず人間として、人間を愛さなければならない」という問題意識と、益川先生が『科学者は戦争で何をしたか』（集英社、二〇一五年）の中で述べられている「生活者としての人間、これに科学者はいかに密着するか」という問題意識には、時代を超えて、一貫した主張が流れているような気がしています。

益川　一貫しているんじゃなくて、私は坂田博士の考え方にどっぷり浸かっていた（笑い）。

※11　理論物理学者。量子力学の測定問題や解釈問題を解決する実用的な理論形式手法として、①現象論的段階、②実体論的段階、③本質論的段階という三段階論を提唱した。

戦時中の反省から

沢田　科学者は戦時中に、原爆を作るための会議などにかかわらされたわけですよ。坂田博士の書かれた会議のメモが、今も記念室に残っています。湯川博士や朝永博士なども、別の会議に引っ張り込まれて戦争にかかわらされてきた。しかし、そういうことは科学者としてやるべきではなかったと、痛切に反省されているわけです。

田代　戦後すぐの原子力の黎明期において、「原子力の平和利用」という、いわゆる原子力ブームが起こりました。坂田博士はそれに対してかなり強い批判を述べておられます。そのことは『世界』一九五六年四月号（前掲『科学と平和の創造』所収）に書かれた「原子力と人類の将来、ラッセル・アインシュタイン声明に寄せて」という小論の中で、「ウラニウムカーテン」という言葉を使って、「原子力の平和利用というものに隠蔽されているが、実は非常に危険なものなんだ」ということを指摘されています。このころは、原子力の平和利用をめぐって日本学術会議※12でもいろいろ議論があったのでしょうか。

益川　原子炉は、それほど安全だとは思われていませんでしたが、核融合については楽観的な見方をされており、一〇年ぐらいたてば完成すると思われていました。しかし、それほど単純な問題ではなかったのです。

沢田　核エネルギーの利用が、結局は原爆に使われてしまいました。武谷博士などもそうなのですが、核エネルギーというのは原子核の理論と密接に絡んでいるわけで、物理学者としては、そういう研究が人類の役に立つように利用してほしいという期待を持っているのです。しかし、それを真っ向から否定するかのように、人類を破滅させる核兵器に使われてしまった。したがって戦後は、こうした研究をもっと人類に役立つように使ってほしいという期待があったのは事実です。私なども、学生時代にはそういう意識を少し持っていました。

一九五四年三月、アメリカが水爆の実験を行なってビキニ事件が起こった。これから自分の専門にしようとしていた物理学が、自分の体験した広島原爆の千倍も大きい破壊力の水素爆弾を作り、これを使った戦争で人類滅亡の危機を作り出したことに大きな衝撃を受け、原水爆禁止広島学生協議会を組織し、広島市と広島県に助成金を出していただいて原水爆の展示を行ないました。しかし、原爆や水爆の原理や影響と被爆者の苦しみとともに、「原子力の平和利用」というセクションを設け、そこに楽観的なことを書いていました。

当時アメリカは、日本に原子炉をたくさん作らせようとしていました。アメリカが核兵器を作り続けるためには、濃縮ウラン工場を維持しなければなりません。しかし、アメリカではすでに濃縮ウランは余ってしまっている。したがって、濃縮ウランを使うための原子炉をたくさん同盟国に作らせて、濃縮ウランを消費させるという方針に、アメリカはしだいにシフトしていきました。一九五三年一二月八日に、アイゼンハワー大統領は「Atoms for peace」という演説でそのことを具体的に提起しています。

その一方でアメリカは、同じ年に衆院議員の中曽根康弘氏や読売新聞の正力松太郎氏などを口説いて、日本に濃縮ウランを持ち込せる準備をずっとやっていました。そして一九五四年三月二日には、中曽根氏に国会で議員提案を行なわせましたが、そのときにはすでに日本に「ATOM」を持ち込むという政策があったわけです。そういうやり方を見た坂田博士などは、逆に危険性を感じたのだと思っています。

田代　坂田博士は、先ほども紹介した『科学と平和の創造』に収録された論文の中で、「戦後世界の原子力研究は大国の軍事計画の中核に据えられたため、ウラニウムカーテンと呼ばれる秘密の扉の中に深く閉じ込められてしまった」と見通しておられます。これはすごいことです。

沢田　広島大学理論物理学研究所所長の三村剛昂《よしたか》博士は、日本学術会議で伏見康治博士[※13]と茅誠司博士[※14]が日本政府に「原子力研究のための研究システムを作ろう」という提案をしたとき、それにいち早く反対されました。三村博士は日本で一番早く相対性理論を研究し始めた一人ですが、私は彼に、広島大学理論物理学研究所で相対性理論を学びました。その三村博士は広島の被爆者としての自分の体験と核兵器とを結びつけて、原子力政策の本質を見抜かれたんです。そして、「平和利用と称して、原子力を実用化すること自体がまったくの間違いだ」ということに気づかれたわけです。坂田博士も気づかれた。

田代　そうですね。当時の日本学術会議での三村博士の演説は、いまだに声涙下る演説として有名です。

沢田　だから坂田博士も、被爆者だった三村博士のように瞬間的には問題の核心にまではいかれなかったのかもしれませんが、やはり広い視点で、そういう問題を捉えていらっしゃったんだと思います。

※12　日本学術会議は、一九四九（昭和二四）年一月、内閣総理大臣の所轄の下、政府から独立して職務を行なう「特別の機関」として設立。職務は、科学に関する重要事項を審議し、その実現を図ること、科学に関する研究の連絡を図り、その能率を向上させることの二つ。我が国の人文・社会科学、生命科学、理学・工学の全分野の約

八四万人の科学者を内外に代表する機関である。会員と連携会員によって職務が担われている。主に①政府に対する政策提言、②国際的な活動、③科学者間ネットワークの構築、④科学の役割についての世論啓発を役割とする。

※13 物理学者。原子力の平和利用研究を推進。統計力学でも功績を残した。公明党参議院議員、学術会議会長を務めた。

※14 物理学者。強磁性結晶体を研究。学術会議会長として南極観測隊参加に尽力。「小さな親切運動」を提唱。

立憲主義と政府と科学者

田代　二〇一五年の夏に安保関連法案に反対する学者の会の記者会見がありましたが、益川先生はここで厳しい言葉で安倍政権を批判されていました。短い間に「安倍政権に鉄槌を下さなければならない」という言葉が二回出てきます。「安倍さんは何をやらかすかわからない、危険な人」ともおっしゃっておられます。これには驚きました。

益川　だって、憲法はどうでもいい、といっているわけで、立憲主義たる政府の長がいうことじゃないでしょう。

田代　まさにおっしゃるとおりですね。

沢田　安倍政権は三権分立をすっ飛ばしている。

田代　二〇〇五年の九条科学者の会の呼び掛け人のメッセージのなかで、益川先生は、「平和の日本か、戦争の日本か、最後の攻防の瀬戸際だ」「この闘いに勝たなければならない」とおっしゃっています。ずいぶん率直ないい方ですが、そういう思いが強かったのでしょうね。

益川　基本的には、今回の安保関連法案への反対運動では、老人と若者ががんばっています。一方大学の現役世代は、競争的資金を獲得しなければならないから、そう過激なことはいえません。あと、「安保関連法に反対するママの会」というお母さんたちの運動も新しいタイプのものですね。労働組合が号令をかけるのではなく、「時間があ

る人は金曜日のこの時間に集まってください。都合の悪い人は来なくてもいいです」という自由なところがユニークです。

田代　驚いたのは、シールズの集会に出て話も聞いたのですが、あれだけ激しくやっていても、「もう五時だ。バイトに行かなくちゃ」という雰囲気なんです。五時に帰る人もいますが、五時以降に来る人もいてまたがんばる。

沢田　革新愛知の会が、シールズの若者やママの会のお母さんなどの考え方から学ばなければならないと考えて、シンポジウムを開きました。今、発想の転換をしなければいけない時期にきているので、彼ら彼女らの生の声を聞いて、それらをなんとか今後の運動に取り入れられたらいいな、と思っています。

田代　本当にそのとおりだと思います。それに関連して、益川先生の書かれた『科学者は戦争で何をしたか』の「あとがき」に、非常に示唆に富んだ文章があります。

子や孫が安心して暮らせる社会をどう残すか

田代　紹介しますと、「『科学者である前に人間たれ』という言葉に戻りそうです」といわれた後、「科学者も一般の人と同じ生活者なのです。……ところが、困ったことに彼らにはその生活者としての目線が欠けている。……いってみれば『生活者音痴』というか、世の中の流れをあまり知らない」。そういうところは直さなければならない、と。そして、「我々の課題」として、「今の社会をどう守っていくか」「子どもや孫が安心して暮らせる社会をどう残すのか」「そうした問題を議論し合う場に科学者がいれば、その科学的知識を活用して、一般の人とは違うコントリビューション（貢献）ができる」「科学者を含め、生活者がそれぞれの立場で知恵を出し合うというのは、そういうこと」「そんな経験をしていけば、科学者も科学バカにならずに済むし、生活者としての視点も養えます」と書かれています。

私たちは、三・一一後の二〇一二年一月に、沢田先生たちといっしょに「市民と科学者の内部被曝問題研究会」を立ち上げました。その際に、最初に議論になったことは、「市民」と

「科学者」のどちらを先にするのか、ということでした。そして結論は、「やはり市民だ」ということになりました。

市民は、原発問題一つをとってみても、よく理解できないことがたくさんあります。ですから、市民は「科学の目」を持たなければならない。逆に科学者は市民の目を持たなければなりません。これら両方が相まってうまくいくのではないかと思います。そういう意味では、先生方が一貫しておっしゃられている「生活者としての科学者」「人間を愛することと科学することはイコールである」「アカデミズムだけではだめだ」ということに通じているのだと思います。

沢田　典型的なものでいうと、パグウォッシュ会議というものがあります。これは「ラッセル・アインシュタイン宣言※15」の呼びかけに応じて、世界中の科学者がカナダの漁村パグウォッシュに集まって会合をしたものです。

アメリカやソ連の科学者たちは、パグウォッシュ会議で議論されたことを自分たちの政府に実行してもらおうと思い、帰国後に政府の要人に要請しました。しかし、いろいろ取り組んでみても、全然相手にしてもらえませんでした。そこで、もっと政府に影響力のある人に参加してもらおうということになり、キッシンジャーなどを呼んでくることになりました。しかしそうなると、議論の中身が変質してしまうんですね。核抑止論[※16]などが生まれてくる事態になってしまいました。

こうしたことを受けて、湯川博士、朝永博士、坂田博士が始めた科学者京都会議では、政府を相手にするのではなく、自分たちが議論したことを声明として発表し、市民に直接訴えることを第一の目的にしました。科学者として客観的に考えたことを、市民に理解してもらう。そしてそれを高めて今度は日本政府に実行させ、加えて世界にも実行させるというものでした。ここが、パグウォッシュ会議への批判の一番の中心なんですね。こうした発想を、中心となって構築されたのが坂田博士だと思うんです。そして坂田博

士の基本的な考え方に、湯川博士も朝永博士も「そうだ」ということで納得して、政府に影響力のあるような人を呼ぶのではなく、むしろジャーナリストや弁護士、作家など広範な人たちを呼んで行なうことになったわけです。

私も一九七〇年に初めてパグウォッシュ会議に参加しましたが、核抑止論にとらわれて全然相手にしてもらえず、議論になりませんでした。結局一九九〇年代にソ連が崩壊するころまでは、核抑止論がずっとパグウォッシュ会議のなかで支配的でした。

田代　話は変わりますが、坂田博士について、「只野凡人」という名前が出てきますが、あれはどういう意味なのですか。

益川　戦前、坂田先生に付けられた名前です。坂田先生は嫌がってはいなかったようですが。

田代　それは、「凡人の中にこそ、何かがある」ということなのでしょうか。

益川　そう、そう。

田代　そういうあだ名がついて、それはあまり嫌がっていなかったというのは面白いですね。普通のあだ名ともちょっと違いますし。

益川　気に入っていたんだと思いますよ。そのあだ名を誰がつけたのでしょうかね。

田代　朝永博士がおっしゃっていたようでしたが。

益川　あぁ、朝永先生ですか。ちょっと洒落気がありますね。
田代　そこでお聞きしたいのですが、坂田博士がおっしゃっている、「哲学と組織があればいい研究ができる」という発言ですが。それもなかなかわかりにくい。私たち凡人には。
益川　こちらがだまされていたようです（笑い）。名古屋大学の学生には、哲学とよい組織があるといっておられました。
先生は、信州に疎開に行くのですが、いい哲学と組織があれば誰にでも素粒子はできる、といわれてコロッとだまされて、ほんとに信じちゃった（笑い）。おれたちには哲学があるし、よい組織もあると。
田代　そういう当時の気風と現代の状況では、何が違うとお考えですか。

※15　米ソが水爆の開発競争を激化させ、人類が核戦争で滅亡しかねない状況になるなかで、イギリスの哲学者で数学者のバートランド・ラッセル卿とアメリカの物理学者アルベルト・アインシュタイン博士が中心となって湯川秀樹博士ら一一人の著名な科学者が、存続が危ぶまれる状況にいる人類の一員として核兵器と戦争の廃絶を訴えるとともに、世界の科学者が集まって議論して欲しいと訴えた宣言が一九五五年七月九日ロンドンで発表された。これがラッセル・アインシュタイン宣言（全文は参考3）である。この宣言の呼びかけに応えて一九五七年カナダの漁村パグウォッシュに米ソや世界各国から二三人の科学者が集まって第一回の科学者の会議が開かれた。日本からは湯川秀樹博士、朝永振一郎博士、小川岩雄博士の三人が参加した。以後ほぼ毎年パグウォッシュ会議と

して世界各国で開催された。日本では一九九五年と二〇〇五年に広島で、二〇一五年に第六一回会議が長崎で開催された。

※16 核兵器を使うぞと脅して相手国に自国の要求を受け入れさせるという意味で、相手国が核兵器を持つときには、核攻撃をしてくれれば報復の核攻撃でもっと深刻な打撃を与えると脅して核兵器の使用を思いとどませるという考え。アインシュタインがルーズベルト大統領に宛てた手紙は、ナチスドイツが原爆を作ってそれを使おうとした時に、先にアメリカが原爆を完成させて、その使用を抑えるという趣旨だったが、これも核抑止論と言える。その後、世界は核大国を中心に、「核抑止」を言いつつ、核兵器の拡大、高度化を進めてきた。現在、核兵器禁止条約の交渉を始めて核兵器のない世界を実現しようという国が国連の圧倒的多数になっているが、核兵器国とその同盟国は核兵器が安全保障に必要なので、交渉は時期尚早だと主張している。核兵器国の同盟国が安全保障のために核兵器で守って欲しいと「核の傘」に依存する場合を拡大核抑止ともいう。

「研究方法論」を議論する場

益川 最近は、硬い言葉でいえば、研究方法論のようなものを議論する場がなくなりました。

田代 それは主任、指導教授のいうことは絶対である、ということになってしまっているということなのでしょうか。

益川　いや、そうではありません。若い人は若い人なりに自分たちで研究しているのですから、多少哲学がかった研究方法論についてはみんなで議論をして、後は自分の責任で研究を行なうという、そういう気風がなくなったということです。

素粒子のような抽象的な学問をやるときには、必ず予測というものを立てているはずなんです。それについて、あらためてみんなで議論するという、そんな雰囲気がなくなりましたね。

田代　私たちの経験で考えると、大学には教養課程があり、そこでいろいろな議論をしました。いってみれば大部屋みたいな感じでしたが、そういうものがなくなってきたということも関係するのでしょうか。

益川　昔は寮がよい役割をしたのだと思います。八人ぐらいの大部屋に、文系だろうが理系だろうがごちゃまぜに放り込まれるわけですね。そうすると哲学のイロハぐらいしゃべれないとばかにされます。もう一〇年位前ですが、三鷹に東大の寮ができましたが、個室でカギがかかっているんです。光熱費は個人もちで、部屋の前にメーターがついている。だから料金を払わないと切られるだけなのです。京大の熊野寮などは、寮全体で光熱費を納めることになっているので、寮はそんなお金は納めません。そうすると、その料金は大学が納めることになる。

沢田　寮の問題と学生運動がありますね。その影響からか、高校生時代から武谷三男博士の

『弁証法の諸問題』などをみんなよく読んでいました。これは物理の学生だけではなく、他の分野の人も読んでいて、お互いによく議論していました。

坂田博士は、武谷博士と仲のよい友人だったので、その中身をさらに具体化していました。実際の研究に結びつけるということにおいて、坂田博士は大きな役割を果たしていたと思います。湯川博士や朝永博士は、直接それを言葉にして評価してはいませんでしたが、多分自分たちの考え方のなかでは、それなりの評価をされていたのではないかと思います。

「凡人」と対等に議論？

田代　坂田博士の只野凡人の話の流れですが、益川先生は、それを坂田博士が好んだのは、学生と対等な議論がしたいということの表れではないのかとおっしゃっていますが、当時、そういう気風は学生の側にもあったのでしょうか。

益川　学生のほうは、はじめからそういうものを持っていたわけではなく、教育されてそうなったのです。「私たちは対等に議論していいんだ。そうか！」と気づいたわけです。

沢田　私一番が驚いたのは、大学院のマスターコースのときに、小林誠さんが研究員に推薦されたことです。普通はドクターコースに入り、論文なども書いて、研究室で議論をして、初めて「この人を物理学教室の研究員に推薦しよう」ということになるわけです。ところが小林さんは、まだマスターコースであるにもかかわらず、一人前に研究論文を書いていたりもしたので、研究室会議で推薦されて研究員になったのです。多分マスターコースで研究員として推薦されたのは、彼だけじゃないかと思います。

そうしたら、教室会議で教員の人事を決める際に、彼は発言をしたんですね。一人前の研究者であるという意識がないと、なかなか発言はできません。大学院に入ってまだ日の浅い人が、「自分は一人前の研究者だ」という意識をもって、教室運営などについても発言をする。そういう雰囲気が当時はありましたよね。今はなかなか難しいと思いますが。

自分の専門を早く決めすぎるな

田代　益川先生はあるインタビューのなかで、「学生の指向性としてペーパーを書きやすいテーマを選んで研究を行なう傾向がある。自分（益川）はそれを否定しないが、しかし頭のすみで根源的なことに対する疑問にどう答えるかということを探す指向性も大事なんだ」と、おっしゃっていました。このことをもう少しかみ砕いて説明すると、どうなりますか。

益川　本質的なことを最終的にはやらなければなりませんが、すぐに答えが出てペーパーになるかどうかわかりません。だから、日銭を稼ぐような、安直なことはやらない。それを否定はしませんが、つねに「おれはこういうことをやるんだ」ということを頭の片すみに置いておく必要があるでしょうね。

田代　そうすると、そのすぐ後に、「自分はこれが専門なんだ」と決めてかからないほうがよいと話されていますが、そのことと関連してくるわけですか。

益川　まあ多少は関連しますが、少し違います。日本人は生き方として、自分の専門を決めすぎていると思います。面白いと思う問題があればそれに取り組めばいいのであって、「自分の専門はこれだ」などと決めない方がよいのではないでしょうか。

ただそうはいっても、原子核理論などはそれともちょっと違います。マスターのときに論文を書くのですが、どうしても比較的長いプログラムを作ってしまいます。それを作った以上は、投入した分を回収しなければなりません。それで、二、三年は時間を要してしまいます。そうすると、自然とその分野の中堅どころになってしまい、知らないうちに専門が決まってしまいます。

現象―実体―本質へ

沢田　先ほどの武谷博士の「研究の三段階論」ですが、現象論的な段階と、それを担っている実体を明らかにする実体論的な段階、そしてその実体が持っている一番本質的な振る舞いを解き明かす段階という、三つの段階を示しています。

坂田先生はこのことをすごく強調されていましたが、私なども現象論的な段階、つまり、いろいろな実験の結果から何が学べるかということに、とても集中するわけです。

しかし、今それを考えると、坂田博士も益川さんも、現象論的な段階とそれを担っている実体は何かという段階もあるんだけれど、その実体がどういう本質を持っているかということも、ずっとつないで、つま先まで考えられる力を持っていたのではないかなと僕は思うんです。僕などはそれぞれの段階で、今はこれをやらなければならないという風にとらわれてしまっていたのですが、お二人はそうではなくて、三つの段階があるが、本質論的な段階をつねに目指している。

益川さんは粒子の世界と反粒子の世界の対称性と、空間の左右対称性セットで壊れているCP対称性の破れの根源を見つけようとしたけれども、四種類のクォークの段階では理論が作れないということでした。名古屋の研究室でも、四種類のクォークがあるということはわかっていたのです。でも、それだけではなかなかそれがうまくできないことも議論していました。

それを引っさげて小林さんが京都に行って、それをもう一度確認したんですね。そして、四種類ではなくて六種類のクォークであれば粒子と反粒子の対称性の破れと同時にセットで空間の左右対称性が破れているという、CP対称性の破れを理解できるということですよね。それによって、本質的なCP対称性の破れの根元は何かということを明らかにする。というところまで貫いたわけです。

現象で分かったことを、さらにその現象を担う実体は何かということと、それから本質は何かということを、ずーっと貫くということ、これはすごい力を持ってるんじゃないかなと思っているんです。そういう研究スタイルが、坂田博士などの考え方を自分の中で、そこまで追求するということができたんじゃないかなと思っているんです。

田代　益川先生へのインタビューのなかで、お風呂の話が出てきます。クォークは四つということでは、いくらやってもできないからやめてしまおうということで、お風呂の中でいろいろ考える。そして、必ずしも四つじゃなくていいんじゃないか、と思いつく。そういうところに考えが及ぶというのは、一つのひらめきでしょうけど、それはどこから出てくるのでしょうか？

益川　数学だったらね、一般にn種類の場合っていうのを考えればいいんだけれども、物理ですからね、ほんとになければ意味がないわけです。だから、当時としては、クォークは四種類というのが、考えるギリギリのところだった。とはいっても世界ではクォークはまだ三種類というレベルのときに、名古屋大学では四種類ということがかなり常識になっていました、物理学教室の中ではね。確かに、ＧＩＭ（Glashow,Iliopoulos,Maiani）という人が六九年に、クォークが四つあると面白い理論ができる、よい性質があるということを非常に詳細に調べていて、だからわれわれとしてもその路線で行こうと思ったんです。

「うまくいかない」という論文を書いて終わりに？

益川　しかし、どう考えてもうまくいきません。したがって、「これはうまくいかない」という論文を書いて、もう終わりにしようと思いました。そうすれば何も四種類に固執せずにすむわけです。そこから、四種類をあきらめるという作業に向かったんです。

田代　そこから開けてきたわけですね。世界的にクォークは四種類、というところで動きはじめているときに、そこから先に行くというのはすごいことですね。

益川　小林さんといろいろ考えていて、四種類で徹底的にやってもうまくいかないわけなんです。そこまで追い詰められたので、苦し紛れに一歩踏み出すことができたんですね。

田代　そういうことを、理科系と文化系とでは多少違うと思いますが、いつもものごとの本質を突き進んでいく姿勢が大事だということでしょうか。一言ではそういうことになりますかね。ただ、日常のことに流されてなかなかうまくいかないのも事実ですが。

本質的なところまで考え抜く

沢田　小林・益川理論が発見できたのは、本質的なところまで考え抜くという基本姿勢があったことが大きかったのではないでしょうか。四種類で徹底的にやっても駄目だということを明らかにした、これでは無理だということで六種類クォークにいたった。

田代　その点は今の研究者や学生たちにも大いに考えていただきたいですね。

沢田　私も自分のことを反省しています。私は、強い相互作用や原子核理論などを一生懸命研究していました。実体がある程度わかっていて、四種類のクォークも念頭に置いて、それで現象的なことの整理に一生懸命取り組んでいました。もっとそれの本質、今でいう量子色力学

（強い相互作用を記述する理論）というものがあるのですが、その本質的なところでどう結びつけるかというところがね、ちょっと弱かったと反省しています。だから先にやられてしまった（笑い）。

Ⅱ 科学者としての運動

田代　坂田博士の『科学と平和の創造』には、いろいろな問題が提起されています。現在、原発や被曝の問題に関して、政府側の人たちとそうでない人たちとの対峙がかなり厳しくなってきていますが、これを読むと、当時もそういう状況があって、そのなかで坂田博士はかなり奮闘されています。そのころの坂田博士の奮闘ぶりというのはどういう感じだったのでしょうか。

益川　組合の闘士みたいなかたちではないですね。自分が発言しなければいけないときには、講演をされたり文章で出されたりされていましたが、「科学者は科学者として学問を愛するより以前にまず人間として人類を愛さねばならない」と書かれたように自信を持っていい切っているんですね。

田代　それは自分の学問の中から出てきた確信なのでしょうか。

益川　坂田博士にとっては平和運動も素粒子も同じでした。素粒子の理論ですべて片がつくと思っているわけなので。

「原子力の平和利用」に期待した

田代　先ほどお聞きしたパグウォッシュ会議の草創期もそうだと思いますが、当時の日本は原子力の黎明期であるといわれています。たとえば中曽根康弘議員（改進党）など四人の議員は、原子力の予算を急に国会に提案するなど、正力松太郎氏（読売新聞、日本テレビ社長）などと組んでいろいろやっていました。そういうことに対する批判は学術会議などで、坂田博士もやられたのでしょうか。

沢田　中曽根議員が原子力予算[※17]を国会に提出したのは、一九五四年の三月三日です。ビキニ事件とほとんど同じ時期でしたが、それは日本国民が知らないあいだに提出しました。

益川　そういう流れのなかで、科学者も原子力発電じゃなくて核融合にかなり期待したんですね。名古屋大学にプラズマ研究所（現核融合科学研究所）が作られました。それも、伏見康治博士が先頭になって進められた。しかしそれ自身、科学者が夢と希望を託したものとはかなり違ってそんな単純なものではなかった。ものすごく難しい問題で、一〇年くらいでケリがつくだろうと思ったのですが、いまだにそれはなんともなっていない。使った電力と核融合[※18]で作られたエネルギーがイーブンになるところまではきているのだけれど、ビームが安定せずカベに触れて冷えてしまうのです。

沢田　一九五四年三月一日にビキニ事件が起こりましたね。そのとき私は広島大学の学生でしたが、「核兵器を作ることは、核エネルギーの悪用だからそれは何とか抑えなければならない。しかし今、私が被爆した原爆よりも千倍も破壊力の大きな水爆ができた。これでは物理学が人類を滅亡させる道具になってしまう」という意識を持ち、物理学科の学生みんなと議論をして、ほとんど全員が参加する形で原水爆禁止の運動を始めました。

しかし当時の考え方としては、「核エネルギーが悪用されたが、本来的には核エネルギーを人類の役に立つようなものに使わなければならない」という発想もあったわけです。それで広島県と広島市からそれぞれ五〇〇〇円の助成金をもらって、原爆や水爆、放射線の恐ろしさや、被曝者の状況などをまとめて四八枚の大きなパネルを作ることにしました。そして、八月六日にやっとそれらを完成させ、リヤカーに積んで今の平和公園に運んで展示と平和集会を行ないました。まだ原爆資料館のないころです。

平和公園にはたくさんの人が集まって、展示を見てくれました。しかし、展示の第三部を

「原子力の平和利用」というパネルにしました。そのころ、原子力にすごく大きな期待を持っていたんですね。原水爆禁止運動の盛り上がりを抑えようということで、アメリカも広島に原子炉を提供しようという政策を取っていました。

武谷博士なども、はじめは私とまったく同じ発想でしたが、途中で放射線問題の本質がわかってくるにしたがい、態度を変えられました。したがって当初は、かなり多くの物理学者が「核エネルギーを核兵器のように悪用するのではなく、人類の役に立つように利用できたらいい」という期待を持っていたのだと思います。

しかし、放射線による人体影響について、アメリカは隠蔽していました。彼らは広島や長崎の被爆者を調査していて、どんな影響があるかというデータを持っていたわけですが、その事実を隠していたのです。したがって、放射線による人体への影響は、当時の日本では十分には知られていなかったわけです。

先ほどもお話ししましたが、日本学術会議の場において、伏見康治博士と茅誠司博士が「日本でも原子力の研究に取り組むべきだと、日本学術会議として政府に勧告しよう」と提案しました。そのときに三村剛昂博士は、被爆者であるという自分の体験も込めて、「やはり、アメリカやソ連が核兵器を作っているような時代に、原子力の平和利用などというものを楽観視してはいけない。世界で核兵器がなくなるそれまではそういうことをやるべきではない」という演説をされました。それで日本学術会議は、伏見さんや茅さんの提案した日本政府への勧告は行なわずに、研究はいいが、すぐに利用することはまずい、という提案をすることになったのです。

坂田博士は日本学術会議の原子力問題委員会委員長や原子核特別委員会委員長などを歴任されていたので、そうした提案を出す中心的な役割をされていました。そのころから坂田博士は原子力を簡単に利用するのが問題であることを認識されていたのではないかと思います。

田代　先にも紹介しましたが、坂田博士が一九五三年に『中部日本新聞』に寄稿された「科学者は学者として学問を愛するより前にまず人間として人類を愛さなければならない」という提起を今どう考えるのか。日本は広島、長崎、ビキニ、そして福島という四回の被曝がありますが、この四度目の被曝者を作ってはならないということでは皆さんの意見は一致するわけですが、広島、長崎、ビキニの被曝の歴史を振り返り、いまの福島原発被曝を考えると、必ずしも科学が人間のために有効に作用してきていない気がします。

福島県民が被曝しただけではなく、福島近県でもかなり被曝しています。その地域の子どもたちに対して甲状腺の検診を行なっているのですが、それを止めさせようとする科学者がたくさんいます。そういう人たちに、「人間としてそれでいいのか」「科学者としてそれでいいのか」と問いたい思いもあります。そう考えた場合、坂田博士のこの言葉は、今改めてかみしめる必要があると思っています。

益川　坂田博士は、直感的というよりも、物の本質を実に上手につかまえそれを文章化するのが上手な人でした。

田代　そういう意味では学問という範疇だけではなく市民運動や平和運動も含めてよく理解しておられたということでしょうか。

益川　坂田博士はとくに市民運動などについては考えてはいません。なんであろうが理論物理学で割り切れると思っていました。ある意味恐ろしい博士だ（笑い）。

沢田　私は広島大学の大学院生でしたが、それでわかったのですが、湯川博士、朝永博士、坂田博士の学会での雰囲気は、非常に民主的というか、ようするにどこの大学院生であっても全然区別しないわけです。

京都大学の基礎物理学研究所は、湯川博士がノーベル賞を受賞されたので作られた研究所ですが、私はまだ大学院生の時代にかかわらせていただきました。そこは、全国の研究者が共同で利用できる共通の研究所だという意識が強いところでした。運営については運営委員会が権限を持っていましたが、その運営委員は、京都大学の人が半分で、あとの半分はその他の地域から選挙で選ばれていたほどです。むしろ、その他の地域からの人の方が多い位でしたね。

益川　うまいことやって外の人の方を多くしちゃった（笑い）。

沢田　そう。実情としては外の方が多いのです。

益川　形のうえでは京都大学の方が多いんだけどね（笑い）。

沢田　それで、人事などをそこで決めるわけです。研究所では、研究費を使っていろいろな研究会を開きます。ただし、研究会を行なうためには、若い人たちにも参加してもらわなければ運営ができません。そのために、研究部員を全国から選挙で選ぶわけです。私も広島大学の大学院生だったのですが、若手の研究者として選ばれました。そして研究部会では、若手であっても研究部員の発言はとても重視されました。

坂田博士は、模型と構造の研究会を組織されました。私はそこの幹事を頼まれ、坂田博士といっしょに研究会を行いました。また、その研究会には、湯川博士や朝永博士も参加されますし、益川さんなんかも若手として参加するわけです。そして研究会の参加者は、誰であろうと区別せずに、みんな対等に、博士方も議論してくださるわけです。それが私にとっては、学問上の大きなプラスになりました。

※17 二億三五〇〇万円。日本初の原子炉築造予算。一九五四年三月三日、中曽根康弘衆院議員らが中心となり、当時の保守三党（自由党、改進党、日本自由党）が突如、五四年度政府予算案の修正案を衆院予算委員会に上程。翌四日に衆院通過を強行。ビキニ水爆実験での第五福竜丸事件直後で、被曝の事実が暴露される約二週間前。二億三五〇〇万円という数字について中曽根氏は、著書で「（濃縮ウランは）ウラン235ですよ」（『政治と人生』一九九二年）と述べている。

※18 原爆はウラン235あるいはプルトニウム239などの重い原子核の核分裂のエネルギーを利用したもので、通常の原発もウラン235の核分裂エネルギーを利用している。これに対し、水素爆弾は軽い原子核を結合させる核融合によるエネルギー放出を利用したもので、核融合によるエネルギーを発電に利用しようとするのが融合炉。太陽など恒星の内部でもこの核融合によってエネルギーが作られている。恒星の中では放射線の問題は起こらないが、地上で核融合を起こすとその制御とともに、放射性物質の大量放出をどのように閉じ込めて制御できるか、安全性とともに見通しは立っていない。

科学をめぐる構造のゆがみ

沢田　私は一九〇〇年代の終わりごろから、原爆症認定の集団訴訟にかかわるようになり、放射線の人体影響を研究している専門家と付き合うようになりました。私は頼まれて、放射線影響学会で講演などもしましたが、その学会に参加してみて、そこが素粒子の研究グループと全然違うことに気づきました。

ようするに、政府とコンタクトを持っている研究者がたくさんお金をもらえるわけです。政府から自分の研究に対して研究費をもらいますが、その研究者は研究の代表者としてその研究費をいろいろな協力研究者に配分します。そのやり方が結局、ボスを作ってしまっているわけです。そして、ボスのいうことを聞かなければ研究費をもらえないという構造のなかで、研究の中身も含めて学会全体が支配されているのです。日本の場合は、軍事研究という形ではないにしても、かなりアメリカに従属しています。核兵器を持っている国々も同じ構造になっているわけです。核兵器を持っている国々では、放射線の人体影響の研究者たちはその国の核政策にすごく大きな影響を受けています。

世界的に見ても核兵器を持っている国、アメリカもイギリスも、核の傘に入っている国々も、結局同じ構造になっていて、放射線の人体影響に関する研究は今日でもすごくねじ曲がっている状況にあるといえます。

私は、素粒子論グループというとても民主的な研究グループの中で活動してきましたので、放射線の人体影響の研究グループに接してみて、研究環境が全然違うことに驚きました。ですから、放射線の人体影響の研究を本当に人々に役立つものにするためには、研究者全体の社会をきちんと民主的なものにしなければいけないなと痛感しています。

田代　三・一一の際に福島第一原子力発電所の事故が起こりました。そのとき、それぞれの研究者は自分の研究の姿勢が問われたと思います。しかし実際は、三・一一以降も大きく変わったとは思えません。このことについてどう考えたらいいか、どうしたらよいのでしょうか。

いまだにコントロールできない「原発」

益川　放射能にかかわる問題が、当初科学者が考えたよりもっと難しい問題だった。原子力発電などは、当初はどうにかコントロールできるものだろうと思っていました。しかし、実際にやってみるといろいろな問題が出てきて、いまだに解決がついていないわけです。この問題を真正面から捉えれば捉えるほど、初期に考えたよりも難しい問題となっているのが現状です。いまだに、安全に、どうコントロールしたらよいのかがわからない。

エネルギー問題を考えてみたときに、化石燃料は推定ではあと三〇〇年位で枯渇してしまいます。オイルシェルなど、多少新しい資源が出てきますが、それを織り込んでもおよそ四〇〇年位しか持ちません。四〇〇年先のことを考えた場合、何らかのエネルギー源を確保しなければなりません。最近では、太陽光、風力や波力など、いろいろなものが出てきていますが、これらもそう万全ではありません。風力発電は風がないときより、風が強いときの方が問題です。壊れちゃうんですね。安定して使い続けるためには、今から準備しなければなりません。

エネルギー問題の国家プロジェクトを

益川　だから私は、三〇〇年後を見据えて、国家プロジェクトとしてエネルギー問題を考え続けていく機関を作るべきだと思っています。それも国際的に作るべきでしょうね。核融合も万全ではありません。今から二〇年位前に、伏見康治さんという科学者が、かねと太鼓を鳴らしながら、「核融合サイクルの中に中性子が関与しないサイクルを考えろ」といって回った。それがいまだに何ともならない。

なぜかというと、中性子は水素分子よりも軽く電荷を持たないので、ほんの少しでも穴があるとそこから出て行ってしまう。出て行ってしまうと、大気の中で中性子のガスが漂うことになる。そうすると、「スカイシャイン」という呼び方がされていますが、放射能が地上に降ってきます。これはものすごく怖い問題だと思います。そういう意味では、核融合も頼りにはなりません。

だからこそ、エネルギー問題はもっと国際的な協力をベースにプロジェクトを立ち上げなければいけないと思っています。

沢田 私は核エネルギーの利用にかなり悲観的で、そういう物理学的な核エネルギーなどに将来性があるかといえば、必ず放射能が絡んでくるのでそう簡単ではないと思っています。そうすると、自然エネルギーといわれているものをどう安全に利用できるかという研究を、もっと進めなければいけないと思っています。

「核抑止論」による核競争のはじまり

田代　そうすると、最初はやはりアメリカの問題ですね。アメリカで原発が作られますが、海軍はその原発を原子力潜水艦ノーチラス号に搭載します。それをまた陸に上げて商用の原子力発電所が作られ、それが日本に輸出されるわけですが、そうする前にもっと考えなければいけなかったということでしょうか。

益川　どうなんでしょうか。アインシュタインに、「早く原爆を作らないとナチスに先を越されてしまう」という大統領宛ての手紙を書かせていますが。

沢田　それが核抑止論の最初なんですね。原爆ができる前に核抑止論が先にあった。ナチス・ドイツが先に原爆を作って、それを使うというのを抑えるために先に原爆を作るという発想だから、これは核抑止論です。

益川　日本の長崎と広島に原爆を落とした背景には、ソ連がある。「アメリカはこれだけの力を持っているんだ」といって原爆を落としてみせましたが、ソ連は一九四九年に原爆を完成させます。一方のアメリカは、ビキニで核融合爆発装置を作りますが、まだこれは飛行機に乗せられるような代物ではありませんでした。とても大きな装置なので、ヤグラを組んで四〇メートルの上空で爆発させましたが、その半年後にソ連はちゃんと飛行機に乗せられる水爆を作って、機上からそれを投下しているのです。

沢田　乾式の水爆ですね。水式、湿式というのは、水素を冷却装置で冷却しなければいけないので、大きな装置にならざるをえないわけです。一方の乾式は、水素化リチウムなど固体の水素化合物の中に入っている水素を使います。乾式であれば冷却装置の必要はなく、簡単に水爆が作れることをソ連が最初に証明しました。アメリカもそれを追いかけて、乾式の水爆を作りました。ビキニの水爆がそれですが、まだ完全ではないので、島の上で実験を行なったわけです。

田代　トルーマン大統領の原爆投下命令から、米ソの「冷戦」対決があり、原発を日本に持ち込むという段階に至りました。そして、先ほどの日本学術会議からの政府への提案という行動もありました。しかし、それでもなお五四基の原発が今日本にはできてしまっています。このことをどのように考えたらよいでしょうか。

「アトムズ・フォー・ピース」のねらい

沢田 アイゼンハワー米大統領は"Atoms for Peace"という演説[※19]を一九五三年一二月八日国連総会で行ないました。それに対しては、マスコミなども含めて、「アメリカはこれまで核エネルギーを悪用して核兵器を作ってきた。それを平和のために使うんだ。すごく大きな転換をしてくれた」と、みんなが期待をしたわけです。しかし、そんな単純な話ではない。核兵器をこれからも作り続けようとすると、濃縮ウラン産業を維持しなければならないわけです。ところが、濃縮ウランはアメリカ国内ではあり余まっているので、濃縮ウランを消費してくれる国々をたくさん作らなければなりません。そこで原発をたくさん作らせて、濃縮ウランを原発の燃料という形で同盟国に提供しようとしたわけです。これが、「Atoms for Peace」の一番大きなねらいです。ようするに、「核エネルギーのための平和利用」という名前で濃縮ウランの提供を目論んだのです。アメリカのこうした発想は、実は演説をする二年位前からあったようです。潜水艦に原子炉を乗せたのも、それが絡んでいると思いますね。

事前に日本の地ならしをしなければいけないということで、「ＣＩＡに協力します」という約束を条件に巣鴨刑務所から釈放された正力松太郎氏などを利用して、日本に原発を導入させる準備を始めます。そして中曽根康弘氏を一九五三年の夏にアメリカに招待し、いろいろな原子炉なども見学させ、「日本で原子力発電をやる」という洗脳をして日本に帰らせます。

ビキニ事件が起こった一九五四年三月一日の二日後の三月三日に、中曽根議員らは原子力研究開発予算案を提案したのです。研究予算ですから研究を担当する専門家が予算案を考えるべきですが、科学者にはまったく知らされないで、議会でもちゃんとした議論もなしに、二、三日で議会を通過したわけですから、中曽根氏が提案したときには、もう議会の中では話しがついていたと考えられます。

アメリカは、日本で原発を推進するための地ならしを、正力氏や中曽根氏のようなＣＩＡがらみの支配者層や国会議員を使って行う体制を作っていたのですね。それに対して科学者は、「それはだめだ」ということで抵抗し、原子力基本法を作らせるときにも、いわゆる三原則「自主、民主、公開」を盛り込ませました。しかし、これらの原則は法律に反してすでに全部壊されています。自主的ではないし、民主的でもないし、公開もされていないという状況で原子力利用が進んでいるのが現状です。

ですから、科学者が提起したことを、国が政治の中で実現していないという現実が、今の日本の政治の大きな問題だと思っています。

※19　一九五三年一二月八日、アイゼンハワー米大統領が国連で行なった「Atoms for Peace」は、国連の下に国際的な原子力機関を設立することを提案した。この演説は、米ソの核兵器開発競争の緊張が高まっている中で行なわれたので、アメリカが、核エネルギー利用を核兵器から原子力の平和利用に大きく転換したと世界中から歓迎された。しかし、アメリカは一九五二年頃から核兵器の製造のインフラ、とくに濃縮ウランの製造工場を維持するために、余ってきた濃縮ウランを使用する原子炉の増設を検討していた。そこで核兵器維持の政策の一環として日本などの同盟国に濃縮ウランを使用する原発を作らせることになり、国際的な原子力機関の設立を提案したのである。この演説をきっかけにして国際原子力機関（IAEA）設立の準備が国連の中で始まり一九五七年に発足した。

日本学術会議の変質

益川　政治だけではなく、日本学術会議も変質しています。一期までは、会員は科学者による選挙で選んでいたんですね。しかし今は、固定したメンバーが自分たちの後継者を推薦してやっています。自家受粉と同じです。

沢田　いまは選挙というものはありません。会員が辞めるときに後継者を推薦する。私が若いころは直接選挙をしていました。学術論文を書いたことがあるような研究者はみんな対等だったので、私は大学院生のときにはもう選挙で投票していました。

田代　日本学術会議が変質する一方で、政府の側から科学技術を直接管理する団体を作っていく流れもありました。

からむ研究費の配分問題――科学者と民主主義

沢田　一番の問題は、研究費の配分にからむ問題です。かつて日本学術会議は、研究費を配分する民主的な組織を作っていました。だから物理学会の物理学者たちも、研究費を配分する委員会の委員を選挙で選出し、そこから割り振られたお金をどのように研究グループに配分するかについても民主的に決めてきたわけです。もちろん学閥などもありましたので、完全に民主的であったかどうかはわかりませんが、しかし自分たち科学者の学問的な判断で、研究費を配分していたわけです。しかし今、それがなくなってしまっています。

益川　ただ、民主的であったはずの一期の日本学術会議でもね、物理などは比較的民主的にやっていましたが、法学などはそうじゃなかったようですね。

沢田　同じ専門分野でも、学閥の敷居がずっと高いのでしょうね。一方、物理の場合はかなり民主的に学会の運営ができましたが、文系の学問などは、そうはなっていないようでした。坂田博士は、「一番大事なのは学会の民主化だ」と常々おっしゃっていました。大学の研究室、学科、学部とか、そういうところも民主的にやらなければいけない。日本学術会議でも坂田博士は、研究組織の民主化という具体案を提案されていましたね。

そういう民主的な学問分野が日本で発展していけばよかったのですが、現状はそうではありませんせん。放射線の問題なども、政府の影響力が強い人が権限を持っていますし、国際放射線防護委員会（ＩＣＲＰ）[※20]の委員なども、政府が推薦する人が選ばれています。学会の委員は民主的に選ばれているわけではなく、政府の影響力を持っている人たちが全体の権限を握っているのです。

放射線影響研究所の理事長は大学にいるころはすごくいい研究をやっていました。いったん政府のいろいろな委員会の委員長などを歴任するようになりはじめると、どんどん科学者から離れて政治の方針に従うようになってしまいました。そういう問題なんですね。

田代　素人で申し訳ないのですが、素粒子の研究の概略について坂田博士の著書を読ませていただくと、いろいろな考え方が一つとして固定してはおらず、たえず発展しているように見受けられます。しかし一方で、放射線についての考え方などについては、裁判記録などでも、もう一九四〇から五〇年代のころ考え方が連綿と続いており、いわば化石のように固定化されています。この三月に私どもの団体が、政府寄りの鈴木元氏（国際医療福祉大学教授）と、その対極の立場にある津田敏秀氏（岡山大学教授）との対論を企画しました。

鈴木氏が事前の打ち合わせで、〞一〇〇ミリシーベルト問題〞やそれをめぐる問題、あるいは〞一ミリシーベルト問題[※21]〞などは、もう過去に決着がついた問題であり、今それを問題にしているのは、一部のマニアだけだというういい方をされたのです。

また、「国際放射線防護委員会」の見解に異論を出している「欧州放射線リスク委員会（ECRR[※22]）」という団体がありますが、それについても、「ECRRは科学ではありません」というい方をされるんですね。「鈴木先生、それは本当に科学的な見方なんですか」といいたくなってしまいます。そのあたりはどうなのでしょうか。

沢田　鈴木元氏は、私が原爆症認定集団訴訟[※23]で意見書を出すと、それを全部全面否定する。それが彼のやり方です。一番対決したのは、私が長崎で取り組んでいる原爆体験者の裁判に関してです。これについては、後ほどお話ししましょう。

福島のわたり病院に斉藤紀先生という医師がいますが、彼は福島第一原発事故が起こったときに、原発の周辺で被曝した人たちには原爆手帳と同じような健康管理手帳を早急に渡すべきだという提案をされています。福島県民に対してそういう手帳を支給すれば、福島県の人たちのこれからの健康を見守ることができるはずです。

しかし、鈴木元氏をはじめ、そうした御用学者は、本当に被曝実態にもとづく真面目な研究はやっていないと思います。それでも研究者としてやっていけるシステムができているということは、研究費の配分の仕方がすごく非民主的になっているためだと私は思います。素粒子などの研究は、とくに企業と直接関係はありません。高エネルギー加速器研究機構なども億単位のお金が必要ですが、それも企業とは直接関係ないわけです。

益川　だからこそ、政府にべったりするわけですよ。高エネルギー加速器研究機構などは、大体年間四〇〇億円くらいのお金を使っていますが、それは審議する前から文部科学省の予算に入っています。それがどういうことを意味しているかというと、文部科学省の役人にとっては、一〇〇万円の計画の申請書も一〇〇〇〇億円の計画の申請書も同じだといえます。そしてむしろ、一〇〇〇〇億円の計画を処理する方が彼らとしては楽なんです。

沢田　そういうことですね。一応国際的にも最先端の研究なので、海外からも高エネルギー加速器研究機構にたくさんの研究者が来ています。そうすると、日本の役割を維持していかなければいけないというミッションが彼らの背景にあるわけです。ですから、彼らは研究の中身がわかってお金を出しているわけではありません。

このような日本の研究分野が国際的に大きな役割を持っているのは、もともと一九六〇年代に高エネルギー物理学研究所を作る際に、日本学術会議の原子核特別委員会が中心になって科学者の将来計画運動というのを行なったからです。その運動の一番の中心人物は、実は坂田博士なんです。ようするに、「素粒子物理学だけは何百億円もの研究費をもらう、そういうものは、まわりの他の分野の科学者に研究の重要性を理解してもらってサポートしてもらわないとだめだ。また、ある研究分野にだけお金がたくさん来て、他の分野のお金がなくなってしまうようなやり方をするのはまずい」という発想が坂田博士にあったわけです。そして、日本学術会議の他の分野の人たちにもバックアップしてもらいながら、高エネルギー物理学研究所ができたのです。

そこでいろいろなすばらしい研究が進展すると、それを失敗させるわけにいかないからということで、政府もお金を出すというかたちになっていきました。企業がもうかるかどうかとは無関係に、未だにその基本姿勢は残っていると思っています。その元を作ったのが坂田博士なんです。

そういう意味で、研究者の新しい研究（将来計画）をどのように推進するかという面でも、坂田博士は素晴らしい発想で科学者を組織されたと思いますね。

先ほどもふれたように、名古屋大学で物理学教室を作ったときも、研究者の民主主義というものがベースになっていました。もともと戦時中、物理学教室は長野県原村に疎開していましたが、「名古屋に帰ってきてどうするか」という議論の時に、「教授の指示のもとに研究がなされる講座制の研究室ではなく、みんなが対等に研究できるような民主的な研究室を作ろう」ということで坂田博士が最初に提案されたわけですね。そしてそれを研究室だけではなく、「物理学教室全体でもそうしよう」と、物理学教室憲章がつくられたのです。

※20　国際放射線防護委員会（International Commission on Radiological Protection：ＩＣＲＰ）は、一九五〇年ロンドンで誕生した学者のＮＰＯ団体。一九二〇年代に放射線による職業上の災害が世界的に多発したことを契機に一九二八年にストックホルムで設立された「国際Ｘ線およびラジウム防護諮問委員会（ＩＸＲＰＣ）が前

身と言われている。しかしＩＸＲＰＣとＩＣＲＰは似て非なるものである。アメリカは、原爆開発の「マンハッタン計画」に加わったイギリス、カナダと原子力開発を円滑に進めるために、国際的な放射線防護基準作りでの協力が必要だと考えていた。国内の放射線防護体制にめどをつけるとイギリス代表と協議に入りカナダを加えて、一九三七年以来開店休業だったＩＸＲＰＣ再建に着手。当時六名の委員のうち生存者はスウェーデンのシーベルトとアメリカのテイラーのみだった、再建は戦前に事務局長格だったテイラーの主導で進められ、イギリス三、アメリカ二、カナダ、フランス、西ドイツ、スウェーデン各一の九人委員会体制となった。六人が米英加の「三国協議」関係者であった。こうしてＩＣＲＰは「マンハッタン計画」の戦後の一つの産物として、かつての科学者の組織からアメリカの核兵器と原子力開発の推進体制に沿うものとして一九五〇年ロンドンで生まれた。

ＩＣＲＰは、大きな個人差がありかつ年齢が低いほどさらに胎児は大きな影響を受ける「放射線の人体影響」を防護する基準を、平均的な被曝影響に基づいて決めている。また、アメリカが作った原爆の影響調査機関ＡＢＣＣの延長である「放射線影響研究所」の調査に基づくデータを採用して、放射性微粒子による内部被曝影響を無視、内部被曝は外部被曝とまったく同じであると言い続けている。ＩＣＲＰの考え方は、一九七三年に導入された、放射線被曝問題を経済的利潤の問題に従属させるべきだとする「コスト・ベネフィット論」に基づいている。

三・一一の東京電力福島原発事故でＩＣＲＰは、法律で決まっている一般人の被爆限度・年一ミリシーベルトを、二〇～一〇〇倍に引き上げるよう勧告、日本政府は二〇ミリシーベルトまでは「安全・安心」という「福島帰還」政策を強引に進めている。

※21
日本国民の年間被ばく限度値は一ミリシーベルト。これは法令で定められている。その法令は、「放射性同位元素等による放射線障害の防止に関する法律、施行規則、告示」と、「核原料物質、核燃料物質及び原子炉の規制に関する法律、規則、告示」。それらの基準は、「放射線審議会」が審議し、政府に答申。政府は答申に基づいて法令を作る。通常、放射線障害防止法などは、法律本体、施行令、施行規則、数量告示の四つの総称の意味で使われる（日本アイソトープ協会「放射線障害の防止に関する法令」などから）。

※22 欧州放射線リスク委員会（European Committee on Radiation Risk：ECRR）は一九九六年に欧州評議会において安全基準が議論された際に欧州緑の党が設立を決議して一九九七年に結成された。ICRPの内部被曝過小評価の見解を批判し、チェルノブイリ原発事故、福島原発事故、劣化ウラン弾の問題などを取上げ、二〇〇三年に「放射線防護を目的とした低線量電離放射線被曝のもたらす健康への影響」、「二〇年後のチェルノブイリ─チェルノブイリ事故のもたらす健康への影響」、二〇一〇年のECRR勧告「低線量電離放射線被曝のもたらす健康への影響」を行なっている。核実験に参加した退役軍人が英国国防省を訴えている裁判の原告を支援している。科学委員会の議長をインゲ・シュミットフォイエルハーケ博士、科学事務局長をクリス・バスビー博士が務めている。

※23 被爆者が最も苦しんでいた被爆後の一二年間、日本政府は何ら被爆者を援護する措置は取らなかったが、ビキニ事件を契機とした原水爆禁止運動の高揚のなかで、一九五六年に被爆者全国組織の日本原水爆被害者団体協議会（被団協）が発足し、一九五七年に原爆医療法が制定され、その中に被爆者の障害が原爆放射線被曝に起因することが示されたら厚生大臣（今は厚労大臣）が原爆症と認定して手当を支給する制度が設けられた。しかし認定の審査が厳しく、認定申請をしてもほとんど却下されるので、却下の取り消しを求める裁判が起こされ、二〇〇〇年には最高裁が被爆実態に則した審査を求め、認定申請却下取消の判決を下した。ところが厚生労働省の審査会はさらに被爆実態からかけ離れた厳しい認定基準を作ったので、二〇〇三年被爆者がばらばらで裁判をするのではなく、全国いっせいに原爆症認定集団訴訟を始めた。裁判で国側が連敗したのを受けて二〇〇九年当時の麻生首相と被団協の代表らが、「今後は裁判を起こさなくてもよいようにする」などの確認書を交わしたが、その後も認定却下が続くので、現在は第二の集団訴訟「ノーモア・ヒバクシャ訴訟」が取り組まれている。

研究室の民主的運営

沢田　名古屋大学の物理学教室が民主的な運営をするということは、素粒子論グループを通じて全国の素粒子物理学の研究室の運営にも波及していました。

それは私自身が経験しています。私が広島大学の学部の四年生だったとき、研究室の講師が転任されるので、その後任を選ぶための研究室会議が行なわれました。その研究室は、研究室会議を民主的に運営していました。誰を呼んだらいいかという応募者の評価をしなければいけないのですが、学部の四年生だと研究者の評価をできるようなレベルに達していません。

それでも発言しなければならないと思い、転出される方のところに行って「今度応募している中で誰が一番いいですか」と聞いてみました。そうしたら「小川修三博士がいいですよ」とおっしゃられたので、私は、学部の四年生なのに研究室会議で最初に発言をしました。佐久間澄博士は民主的な人でしたが、彼の研究仲間を呼ぼうと思っていたのです。ところが、私の発言に対して、他の先輩大学院生たちもみんな、「そうだ、そうだ」と支持したわけです。

そうしたら佐久間博士も「みんながそういうんだったら小川さんにしよう」ということで納得されました。素粒子論のグループ全体が、そういう雰囲気を学会のなかで伝えていたのです。今から考えると、すごく生意気なことやってしまったと思いますが、私は小川博士からこの上ない指導をしていただきました。

田代　素粒子の研究室のそういう横の広がりというのはよくわかりますが、今の物理学会を見ると、ややぎくしゃくしているように思えますが、それはいかがですか。物理学会としては、必ずしも素粒子論グループのような状況ではないわけですよね。

益川　いや、当然のことですが、物理学会が一枚岩になるわけがありません。だからその中に先進的なグループがいて、その人たちの考え方がじわっと若者たちを中心に広がっていったんです。

田代　そうすると、たとえば名古屋大学なり京都大学なり、その大学の学風というかそういうのも影響してくるんでしょうか。

益川　湯川博士がノーベル賞を受賞されたときに、記念室を作ろうということになりました。そこで京都大学の物理教室と理学部、それに総長で話し合って決めようとしました。「静かで落ち着いていて、哲学的なことまで議論できるようなところにしよう」というのがはじめの案でした。それに対して当時は、若手が就職難でうろうろしていたんだよね。そういう人たちがそんな隠居所みたいなのを作ってもらったら困るって、つぶした。それで今のような共同利用という考え方がでてきたのです。それがさらに発展していって、坂田博士などは、記念室の分室みたいなものを名古屋大学の素粒子論研究室に併設させるというような案まで持っていた。実現はしなかったですけれどもね。

田代　今の研究者や学生たちには、「どうすればよいか」という忸怩《じくじ》たる思いがあると思います。今の研究者はいわゆる蛸壺《たこつぼ》状態化しており、なかなか外に出てこられません。予算を削られたり、別の講座を担当しなければならなかったり、講座を持てなくなってしまったり、あるいは生活のためにアルバイトをしなければならない状況が顕在化しています。

そうしたなかで、なかなか発言ができないということもありますし、そういうところに付いた学生もたいへんです。こうした状況をどう考えればいいのでしょうか。

益川　今、現役の教授や准教授が一番遅れています。私が先日、安倍首相に対して発言したように、年寄りは平気で何でもいうわけです。シールズのような学生もまた同様です。しかし、中間層が忙しい。競争的資金を取ってこなければならないし、あまり変なことをいったらどのような影響が自身に及ぶかもわからない、そう考えたら手が縮こまってしまいます。

ただ、若手は元気だから、そう悲観したものではないと私は思っています。

沢田　素粒子論グループの例でいえば、先ほどの基礎物理学研究所ができたころは、第一世代の湯川博士や朝永博士、坂田博士などが率先して、「発想を転換して新しい民主的な体制を作っていこう」という主張をし、それが受け入れられる素地があったと思います。

また、東京大学にしても京都大学にしても名古屋大学にしても、若手の人たちが全国的につながりを持っていてすごい発言をしていました。私は広島大学にいましたが、若い東京大学の人ともいっしょに議論できる雰囲気がありました。先ほどの京都大学基礎物理学研究所も、「全国の研究者がいっしょに研究できる環境を作りましょう」ということで、若手が圧力をかけて実行したという面もあるのです。そしてそれを快く受け入れてくださった。

今でも素粒子論グループは、基本的にそういうスタンスだと思います。ただ、予算の出し方については、研究者が学術的な発想で自主的に配分することができたら、もっと民主的になると思っていますが、逆にそれが壊されているのが現状です。

また、初等中等教育の問題なども絡んでいますが、本当に自由な発想でなされているかというと、必ずしもそういう状況にはありません。大学の入試制度などもあまりよい役割を果たしておらず、若者たちが自由な発想を身につけられるような大学になっているかは疑問です。

名古屋大学よりも、いろいろなものが整備されていない大学の学生の方が不満があるのは事実です。シールズなどに参加している学生は、名古屋大学の学生よりも他の大学の方が多いのではないでしょうか。
以前の名古屋大学の学生なら、そういう運動に多くの学生が参加していましたが、今はほとんど見受けられないようで、ごく少数が署名をやっているのを目にする程度です。

七〇年安保の後遺症と学生

田代 私が学生のころは、逆の状況でした。東大をはじめ、京大、名古屋大にはかなり活発な学生自治会の活動がありましたし、全学連の幹部の人たちのほとんどがこの三つの大学に加え、東北大学の学生で占められていました。今があまりにも違いすぎるのは、どういうことなのでしょうか。

益川 「政治的なことを発言してもろくなことが起こらない」と、消極的になってしまったのは、私は七〇年安保の後遺症だと思っています。接してみるとわかりますが、学生は素直で実にいい子たちなんです。ただ、少し政治がかったようなことをいうと、スーッと引いていきます。「アツモノに懲りてナマスを吹く」みたいにね。

田代 学生たちは打算的だということでしょうか?

益川 いや、打算で考えているのではなくて、「そうするのがいいんだ」という信念みたいになっていいのではないかと思います。ただ最近になると、シールズなどが、がんばってくれている。われわれみたいな年寄りと若者がいて、真ん中がいない。真ん中の博士たちは非常に政治的に敏感なんです。変なことをいって、自分の出した科学研究費を落とされては困るというふうな。

科学研究の民主化と政治の民主化

沢田　もっと民主的な研究体制を作り出すためにどうすればいいのか。それは、研究費の配分についての民主化なしでは実現できません。ただし、それをやろうとすると、結局は政治の民主化が必要となってくるわけです。今の政治は、アメリカや大企業の利益を優先して行われています。したがって、「本当に民主的発想から研究が発展する」という考えを支持しようという状況にはなっていないんですね。そういうことを理解しているような議員もほとんどいないんじゃないかな。

田代　そうですね。文科省は、人文系の予算を削り、下手すると学部もなくしてしまうようなことをやろうとしています。そうかといって、理科系に潤沢に予算を回すかというとそうでもない。そういう考え方、やり方が結局根っこにあるということですかね。

沢田　本当は、日本学術会議が民主的に研究者の意見をふまえ、政府に対して要求できるような組織であることが望ましいと思います。「自分たちが民主的な意見をどんどん出していけば、それで良い研究全体の体制が作れるんだ」という意識を、研究者みんなが持てるようになればいいと思っています。しかし今、研究者の民主的な体制は壊れていますよね。だから日本学術会議も実質上機能していない。私は、坂田博士ががんばっていたころのような時代に戻ってほしいと思っていますが。

田代　今の若い研究者や院生たちは、いろいろな制約があって、なかなかうまくできないのが現状です。今の時代、坂田研究室のような雰囲気をそのまま持ち込むのはなかなか困難だと思いますが、そうした状況をどうやって乗り越えればいいのでしょうか。

益川　坂田博士が「そうせよ」といったわけではありませんが、坂田研究室には、「二足のわらじを履く」という言葉があった。これは、「学問だけではなくて、それを取り巻く状況に関して発言していくことは、悪いことではない」という意味です。

私なんか、おっちょこちょいだから「二足のわらじを履かなきゃいかん」と思って、例の仕事を小林さんとやっていたときも、同時に労働組合の書記長もやっていました。だから、午前中は小林さんと議論をして、そしていっしょに生協に昼ご飯を食べに行き、食べ終わると小林さんが研究室に戻る。一方の私は学内のキャンパス内を走り回っている状況でした。

ただ、それは必ずしも悪いことではないと思っています。時間にゆとりがあったら、家に帰って子供たちと遊んだり、テレビを見たりして、それから風呂に入って「どっこいしょ」と勉強をしはじめたでしょう。しかし忙しいと、みんなが勉強しているあいだ私は何も勉強できなかった。だからこそ、頭の切り替えが非常に早くできるようになりました。

夕食を食べて、多少子供たちとも話をして、「午後九時からはちゃんと勉強しよう」ということで、頭を切り替えてサッと勉強に入っていける。だから、二足のわらじを履くことは、想像よりは敷居が高い問題ではないと私は思いますね。

若手の人も、いろいろな体験をするから成長できるので、勉強だけしていればよいとは私は思っていません。

田代　沢田先生は今、原爆、放射線の問題で非常に活躍されておられますが、益川先生は文字どおり素粒子の分野で活躍されています。その違いをどのようにお感じになりますか。ある対談で、沢田先生のお母さんが広島で被爆した際、沢田先生の目の前で亡くなってしまったという話しを聞いて胸を打たれたというエピソードをお読みしたことがありますが。

研究者が「二足のわらじ」はいても大丈夫

益川　研究者はいろいろです。その人の生育歴も違うし、右翼も左翼も中立もいるでしょう。しかし、多少変ないい方をすると、どれくらい自分の人生に対して忠実であるか、そこのところは関係してくると思います。より科学者として成功する方が重要であると考えるかとか。そんなに思ってもね、タイムシェアリングできるわけじゃない。だから、私はよくいってるんだけれども、「二足のわらじを履いても大丈夫」と。

田代　坂田博士の教えである「科学者である前に人間たれ」という言葉は、それはやはり共通なのでしょうか。

益川　心底はそうだと思いますが、実際に表面的に見たときね、ズバッとそういえるかどうかですよ。そんな高尚なこと、私はよういわない（笑い）。

Ⅲ 科学と被曝問題

福島と広島、長崎

沢田　福島の原発被害と広島、長崎の原爆被害を考えてみますと、福島の場合、一人当たりの被曝線量は原爆被爆者よりはるかに少ないです。

放射線被曝による急性症状というのは、体内の細胞が集団的に死ぬことで引き起こされます。しかしそれを引き起こすのは、およそ五〇〇ミリシーベルト以上の放射線を浴びた場合です。福島の場合は、急性症状はほとんど起こっていません。ただ、原発事故の処理作業を原発の近くで行なった原発労働者のなかには、急性症状を起こす五〇〇ミリシーベルトをぎりぎり超えた人が何人かいることはわかっています。この人たちがどうなっているのかすごく関心があります。二人が白血病を発症したことを厚生労働省が認定しましたが、その人たちのほとんどは千葉県の「放射線医学総合研究所」に連れて行かれ、その後の経緯はまったくわからない状況となっています。本当は、そういうことをきちんと調べなければならないはずなのに、隠蔽されているのが現状ですね。

ただ、福島県や北関東の大部分の人たちは確かに被曝線量が少ないのですが、しかし将来的に被曝したことによるがんの発症率は上がると思います。先ほど鈴木元氏のところで、「一〇〇ミリシーベルト以下の被曝は影響がない」という話が出ていましたが、いまでは、実際には年五ミリシーベルトを浴びると確実にがんの発症が増加して、一〇〇ミリシーベルトに達すると、発症率は一般の人と比べておよそ三パーセント増えることが科学的に明らかになっています。また、放射線を浴びる量に比例してがんの発症率が増えるということもわかっています。子どもは大人より放射線の影響は大きいですから、もっと早く発症すると思います。

岡山大学の津田敏秀さんなどは、そういうことは理解されていて、福島の甲状腺の場合についても適用されている、と思っています。鈴木氏は一〇〇ミリシーベルト以下のデータについて勉強していません。「低線量被曝はわからない」といって目をつむってしまっているとしかいいようがありませんね。

ここで先ほど少しふれた広島・長崎被爆者の被爆者健康手帳（原爆手帳）の支給を求める裁判についてお話しします。

広島市の場合は、扇状地型の町ですが爆心地が市の中心で、被爆影響はおおよそ同心円状に広がりました。原爆手帳をもらっている人は爆心地の「原爆ドーム」（当時の産業奨励館）から六〜七キロメートルくらいの距離で被爆した方々です。一方、当時の長崎市は南北に細長く、しかも爆心地は北寄りでした。そこでまず当時の長崎市内にいた人に原爆手帳を渡しました。爆心地から南へ一二キロまでの被爆者が原爆手帳をもらっています。ところが北の方は、五キロ東、五キロ西、北六キロのところからは当時の長崎市ではない（今は長崎市）。いろいろな考慮もあってその一部の地域でも原爆手帳が支給されていますが、しかし爆心地から一二キロ以内のかなり広い範囲の人たちが原爆手帳を支給されていませんでした。

ところがそういうところの人たちでも、急性症状の発症率は高いので、原爆手帳を支給してほしいと裁判を起こしています。長崎市と長崎県が爆心地から一二キロ範囲を対象に、どんな症状が起こったかを調査しています。それで一二キロの範囲内で、数パーセントぐらいの人が急性症状を起こしていることがわかっています。急性症状を起こしているということは、五〇〇ミリシーベルト以上の被曝を受けたわけです。

当時、放射線影響研究所（旧ABCC）[※24]の所長だった重松逸造氏も委員として長崎県と市の調査結果を検討する委員会がつくられ、検討を行いました。そして、放射線の被曝影響を否定する結論を出したのです。

検討の中身を見てみると、さきの急性症状の発症には一切触れていないのです。長崎の原爆はプルトニウムなので、地中に残っているプルトニウムを測ればどれだけの量の放射線降下物があったのかがわかる。そして、地中に残った放射性物質から外部被曝線量の計算結果だけを見たのです。結果として、外部被曝の影響はそれほど強くなかったので、放射線の影響はないと検討委員会は判断しました。ただ、「原爆が落ちたときに大きなショックを受けたことは事実なので、精神的な影響を起こした人が精神科の診断書を貰ってくればそれの費用だけは面倒みてやろう」という制度を厚生労働省が作りました。そして厚生労働省は、そういう人たちのことを「被爆者」ではなく、「原爆体験者」と名付けたわけです。

しかし、そのいわゆる「原爆体験者」の人たちが自分たちも放射線の影響を受けている、何としても原爆手帳をもらいたいということで、裁判を行いました。

一方、原爆症認定を求める被爆者集団訴訟は、二〇〇三年四月から始まり、全国一七地方裁判所に広がり、三〇近い勝訴判決を勝ち取りました。この裁判には私も加わって証言しましたが、私の意見書を真っ向から全面否定したのが先ほど述べた鈴木元氏なのです。

原爆体験者訴訟の第一陣の原告団は六〇〇人ぐらい、第二陣では数百人ぐらいの規模で裁判を行いましたが、第一陣は長崎地裁と福岡高裁の判決で全面敗訴でした。

第二陣の長崎地裁の判決は一部分を認めました。それは長崎の本田孝也医師が調べたことで、アメリカがマンハッタン計画で調査した結果、広い範囲で放射線の影響があるということを認めたということなのですが、それもやっぱり外部被曝なですね。その外部被曝で西山地域よりちょっと東のほうのところが二五ミリシーベルトを超えているから、だからこれは手帳を支給しなさいと、一〇人だけ認めたということです。

※24 ソ連との核競争のなかで、核兵器による放射線被曝の影響を知る必要性に迫られたアメリカは、一九四七年トルーマン大統領が全米科学アカデミー研究評議会に指示して、広島・長崎原爆の被爆者に対する放射線影響を調査・研究するために原爆傷害調査委員会（Atomic Bomb Casualty Commission：ABCC）を広島と長崎に設置した。ABCCは、核兵器政策に関わるアメリカ原子力委員会とこれを引き継いだエネルギー省の管轄を受けてきた。日本政府は一九五〇年の国勢調査で明らかになった被爆者名簿をABCCに渡し、ABCCは広島市と長崎市に戸籍のある被爆者で寿命調査集団（Life Span Study：LSS）と成人健康調査集団を設定して、主として原爆爆発一分以内に放出された初期放射線による被曝影響の調査・研究をしてきた。一九七五年にABCCが閉鎖され、日米共同運営の放射線影響研究所（Radiation Effects Research Foundation：RERF）となったが、スタッフと施設と初期放射線に研究の重点をおく調査・研究方針はそのままである。

事実を追求する科学者へ

沢田　私は、この裁判を通じて放射能の影響を調べてみた結果、内部被曝を無視してはいけないということがわかりました。それを証明するために、広島や長崎の急性症状の発症率を調べました。内部被曝は物理的に測定できません。したがって、被曝者がどういう病気をどういうふうに起こしたかという発症状況、発症率がわからないと、内部被曝を評価できないわけです。

しかし、原爆被爆者の放射線影響の研究の最大の権威だといわれている放射線影響研究所では、そういう研究を行っていません。医師や科学者が蓄積してきた被曝直後からの発症率のデータがたくさんあり、そのデータを放射線影響研究所も持っています。それにもかかわらず、そこから科学的な事実を明らかにしようという科学的研究は一切行われてきませんでした。そして放射線影響研究所は、放射性降下物のような残留放射線の影響は無視できるとして初期の放射線影響だけを研究しており、いわゆる「原爆体験者」を被爆者としてみとめようとはしてきませんでした。

ただ広島大学の大瀧慈名誉教授たちの研究グループは、それだけではだめだということで、広島県民の被爆者と広島県民の被爆していない人たち（非被爆者）の固形がんによる死亡率を比較する研究を行ってきました。その結果、爆心地から一二〇〇メートルのところで、初期放射線による外部被曝と、放射性降下物による内部被曝が入れ替わるという研究（大瀧慈・大谷節子「広島原爆被爆者における健康障害の主要因は放射性微粒子である」『科学』二〇一六年八月号、八一九頁）で、私の研究（沢田昭二「放射線による被曝影響―原爆の放射性降下物による内部被曝―」『科学』二〇一一年九月号、九一八頁）と一致しているんですね。そして今年（二〇一六年）の一月一〇日、一一日に彼らが中心になって国際シンポジウムを広島で開きました。私もそこで報告しましたが、皆さんは納得してくれました。それで、私の研究は、大瀧さんたちの研究結果とも一致しているので、今後はいっしょに議論していこうということになりました。

しかし、依然として放射性降下物による内部被曝を無視した研究を放射線影響研究所が続けており、その研究結果が国際的な国際放射線防護委員会（ＩＣＲＰ）のデータになっています。そのため、誤った研究結果によって人類が苦しんでいるという状況がいまだに続いているのです。

二〇一五年一一月長崎で開かれたパグウォッシュ会議でもそういう問題を訴えるために、ワーキンググループで報告しました。長崎原爆病院の名誉院長の朝長万左夫さんがそのグループの座長の一人でしたが、彼はまだ私の研究結果を納得していません。私は、広島にくらべて長崎の方が非常に広い範囲で大きな被曝しているということを示しましたが、「こんなに広島と長崎が違うのは、広島はＡＢＣＣ（原爆傷害調査委員会）が調査したのにくらべ、長崎の方は長崎市と長崎県のアンケート調査した結果だからではないのか。長崎の場合は、原爆体験者が被爆者手帳をもらいたいために、自分の影響を過大に評価したんじゃないか」いう発想が頭の中にあるのではないでしょうか。このように、科学者が私たちの研究結果をまだ信用していません。そして、放射線影響研究所などの研究態度がそういう人たちに影響を与え続けているのです。

私は、広島の原爆や原子雲の写真と、長崎の原爆雲のスケッチを持っていますが、長崎の方が原子雲の広がり方が広島の四倍くらい早いのです。放射性降下物が早くやってくれば当然被曝の影響は大きくなります。長崎原爆の爆発威力は広島原爆の一・四倍でした。加えて、長崎原爆のプルトニウムが広島のウランより影響が大きいことを考えると、長崎の原爆の影響は広島の一・五倍になると考えられます。こうしたことを、きちんと原爆体験者裁判に反映できればいいと思っています。

なぜ隠したり、無視したりするのか

田代 おっしゃるような事実を突き止めていかなければなりません。それには時間がかかります。その間に被爆者も亡くなっていきます。一方で、今後福島で影響が出るかもしれません し、すでに影響が出ているという研究者もいらっしゃいます。こういった現実を、科学を志す者として共通の認識にしていくにはどうすればいいのでしょうか。

益川 昔と今とでは、ずいぶん情勢が変わってきていますよね。日本の状況も国際的な状況も、同じような状態があるんじゃないかという気がするんですけども。

田代 一般的な話で申し訳ないですが、事実を追求してほしい側として考えると、調査結果を隠してみたり、沢田先生の研究なさっている遠距離被爆者を意図的に「比較対象群」にしてみたり、そういう行為を私にはなかなか信じられません。「双方が同じスタート台に立って、真理に向かって研究しているが、少し見解が違う」というレベルの状況ではありません。一方は、「事実を隠しているのではないか」「被曝を軽んじているのではないか」といい、一方は「誇大に評価しているのではないか」というような、そんな対立構図はあまり科学的ではないと思うのですが。

沢田　日本では原子力規制委員会が原発などの安全性をいろいろチェックしますが、一九六〇年代に坂田昌一博士は、政府からまったく独立した委員会を作って、人々の安全と放射線に対する防護をきちんとチェックしていかなければならない、ということを提案されており、文章にもなっています。ただ研究の民主化がないと、このようなものはできないんだ、ということも主張されていました。

田代　さきほど益川先生のおっしゃられた、国際的に、原発の問題も含めたエネルギー問題をゼロからのスタートラインで集団で研究していかなければならないということに通じるのでしょうか。

益川　そういう問題もありますが、放射能の問題を積分量、つまりトータルとして考えるだけではなく、別の視点も重要だということです。たとえば劣化ウラン弾の問題ですが、あれは兵士が浴びている線量からいったらそんなに問題ではありません。しかし、どういう問題が起こるかというと、劣化ウラン弾は、爆弾ですからぶつかると非常に高温になります。その後、それが冷えていくとウランの小さな粒子（ホットパーティクル）になってそれが肺の中に吸い込まれます。トータルの量としては大したことはありませんが、肺の中に入ると、変なところにしつこくとどまり、非常に局部的に強い被曝を与えます。こうした種類の問題も一方ではあるので、起こっている問題を理論的にきちんと追い詰めて、正確にそして科学的に理解するという作業が必要なのではないでしょうか。

沢田　今の問題は、私が調べたことにつながります。被爆者の中でどういうことが起こっているかというと、放射性降下物の五ミクロンより大きい微粒子は鼻毛に引っかかってそこでストップし気管の中に入ってきません。しかし、五ミクロンより小さいと肺胞まで入ってきます。また肺胞の中では、一ミクロンより小さい微粒子が肺胞の壁から血管の中に入ってきてしまいます。そうすると体のいろいろなところに回ってしまうことが科学的にわかっています。この研究は、アメリカ・カリフォルニア大学のファインベルグらの研究者が一九八〇年代から九〇年代にかけて緻密に行いました。この研究結果を踏まえて考えることが重要です。

それから、広島や長崎の被爆者の爆心地から二キロ以上遠いところの人たちも、放射性降下物の影響を受けているわけです。そういう人たちについてＡＢＣＣが一九五〇年ごろに調査した結果を放射線影響研究所がたくさん持っているわけです。放射線影響研究所に行き、研究の中心的なことをやっている研究者たちに聞くと、放射線影響研究所にはそういう資料が眠っており、一部しか利用されていないということです。

なぜそうかといえば、もともと放射線影響研究所そのものが、アメリカのエネルギー省からの資金で設立されたからです。

田代　もとはＡＢＣＣですものね。

沢田　一九七五年にＡＢＣＣが日米共同運営になって、放射線影響研究所（放影研）となりました。日本側は厚生労働省が資金を出しています。ただし、アメリカの核兵器を管轄しているエネルギー省に設置されるブルーリボン委員会が放影研の研究評価をして勧告したことをベースに日米共同運営としているため、実際上はアメリカの方針にしたがって研究が行われていることになります。

一九六〇年代から七〇年代にかけて、日本学術会議では、坂田博士などが中心となって、アメリカの核政策に従属した研究所ではなく、独自に被曝の影響を研究する研究所を作って欲しいという提案をしました。それを受けて、広島大学と長崎大学に、それに関する専門機関ができました。広島大学原爆放射線医科学研究所はその一つですが、当初は放影研から移ってきた人もいましたが、今は放影研の研究に批判的な人も割と多くなっています。

そこに所属していた星正治さんは、ビキニ被曝による内部被曝の研究をされていますが、その記事が二〇一六年五月一〇日に掲載されました。

ビキニ被災も「内部被曝」が問題

沢田　ビキニで被曝した第五福竜丸の乗組員は有名ですけれども、一〇〇〇隻ぐらいの漁船が、被曝をしているんですね。彼はそれの調査を行なっていましたが、たまたま彼の調べたところは広島の爆心地から一六〇〇メートル位のところで被曝したのと同じ程度の被曝だということがわかりました。しかしこれは、歯にどれだけ放射線が当たったのかということを調べたもので、外部被曝の線量なんです。「久保山」さんは無線長でしたが、一番最初に亡くなりました。無線長だから、彼は長い時間無線室にいたはずです。他の船員は甲板に上がったりして

「雪がふってきた」などといって放射線を浴びています。彼も多少外部被曝を浴びたかもしれませんが、外部被曝の量はほかの船員よりは少ないと思われます。そんな彼がなぜ一番最初に亡くなったかというと、やはり無線室まで目に見えない放射性微粒子が充満していてそれを彼が吸い込んでいるわけです。だから水爆の実験のときも目に見える「雪がふってきた」といっているよりも、目に見えない放射性微粒子がたくさんあったのです。それを呼吸で体の中に取り込んでしまった。それなのに内部被曝は全然考えられていない。本当は内部被曝をちゃんと考慮しなければいけないのです。

福島の場合も、問題は内部被曝だと思います。大気中に放出されたセシウムなどが広範囲に広がっていきましたが、それらは風が吹くと舞い上がり、呼吸によって体内に取り込まれてしまいます。そのような影響があると思われますが、全然検討されていません。本当は、科学者が内部被曝についてもっと深刻に調査研究し、明らかにしていかなければならないと思っています。

私は、定年退職しても、素粒子物理学をしばらく続けようと思っていました。しかし、脳出血をして、それが治ったころにたまたま、長崎での原爆症認定の裁判があり、被爆者から「何とかならないか」と訴えられたんです。それまでも原爆の放射線の影響などについては関心を持っていました。しかし、それが人体にどのような影響与えているかということについては、あまり突っ込んだ研究をしたことはありませんでした。ただ、裁判にかかわってみると、やはり科学者としてもっと突っ込んで考えなければいけないということがわかりました。

実際に原爆症認定審査を行っている内容を見てみると、事実に忠実でないんですよ。放影研などは。内部被曝を無視していますし、遠距離被曝者への影響も無視しています。だから、それを科学的に明らかにすることは非常に重要なことだと思ったわけなんです。

たまたま私が定年退職したときに、日本福祉大学の情報社会科学部から、「統計学の教員がいないので、統計学の授業をやってほしい」と頼まれました。自分が日本福祉大学に推薦した人から頼まれたので断れません。そこで私は、統計学の必修授業を一〇年間担当しました。

一〇年間教えたので、統計学の本を書くところにまでいきました。どのように教えたかというと、私が教卓からコンピューターを使っていろいろなデータを入力し、そのグラフを作ってスクリーンに写し出すのです。学生の机にもパソコンがありますので、学生もそれを使ってグラフを作ります。そういうような授業を一〇年間やったわけです。

そうすると、私自身統計学の力がすごく身につきました。そして、被爆者の中で起こったいろいろな急性症状発症率などを導き出すために、今度は統計学の専門家として取り組めたわけです。だから、アルバイトのつもりでやったことが、結果的には自分の研究に役立ち、それで被曝の影響に取り組むことができました。だから、鈴木元氏なんかより私の方がはるかに専門的なんです（笑い）。

田代　それで思い出しましたが、先ほどお話しした津田先生が鈴木元先生と対論なさったときにこうおっしゃっていました。「私たちは事実から結果を推論して考えている。しかし鈴木先生はそうではなく、結果をあらかじめ決めておいて、そこから原因を探っていくスタイルだ。それではやはり真実には到達できない」と。「なるほどな」と思いました。

「意見書」の「三五人連名」は語る

沢田　鈴木さんは、科学者としては「問題あり」だと思います。政府の方針や国際放射線防護委員会（ＩＣＲＰ）などが世界を席巻しています。原爆症認定の集団訴訟では、原告が裁判でずっと勝つわけですが、「判決を出した裁判官はおかしい」という意見書を、鈴木さんをはじめ三五人の科学者らが連名で提出しています。それはどういうものかというと、「国際放射線防護委員会がやっている、内部被曝などは無視できるということを踏まえた裁判の判決を出さないと、国際的な基準とは矛盾していますよ」という意見書なのです。私は、そこに名前を連ねている人たちの名簿を「御用学者の名簿」だといっているのですが。

田代　名簿に載っている方々というのは、今福島でさまざまな提言している方ばかりですね。

「原子爆弾による放射線被曝と健康影響に関する意見書」三五名の名簿

（二〇一四年五月二一日）

相光　汐美　　松石病院副院長
明石　真言　　独立行政法人放射線医学総合研究所理事
赤星　正純　　医療法人和光会恵寿病院副院長
石橋　大海　　国際医療福祉大学福岡保健医療学部教授
伊藤千賀子　　医療法人グランドタワーメディカルコート理事長
碓井　亞　　独立行政法人労働者健康福祉機構中国労災病院院長
大林　諒人　　ＪＡ尾道総合病院健康管理センター顧問

甲斐　倫明　公立大学法人大分県立看護科学大学人間科学講座環境保健学研究室教授・国際放射線防護委員会（ＩＣＲＰ）第４専門委員会委員

木村　昭郎　呉共済病院検査部部長・元広島大学教授

草間　朋子　東京医療保健大学副学長・公立大学法人大分県立看護科学大学名誉学長・元東京大学大学院助教授

小出　良平　昭和大学学長・昭和大学名誉教授・学校法人昭和大学理事

酒井　一夫　放射線医学総合研究所放射線防護研究センターセンター長・国際放射線防護委員会（ＩＣＲＰ）第５専門委員会委員

佐々木英夫　疾病・障害認定審査会原子爆弾被爆者医療分科会長

佐々木康人　湘南鎌倉総合病院附属臨床研究センター長・横浜市立大学大学院客員教授（放射線医学連携大学院担当）・前独立行政法人放射線医学総合研究所理事長・前原子放射線の影響に関する国連科学委員会（ＵＮＳＣＥＡＲ）日本代表

柴田　義貞　福島県立医科大学放射線医学県民健康管理センター特命教授・長崎大学客員教授（原爆後障害医療研究所）・元放射線影響研究所疫学部長

鈴木　元　国際医療福祉大学クリニック教授・広島大学原爆放射線医科学研究所客員教授

角　美奈子　独立行政法人国立がん研究センター中央病院放射線治療科医長
関根　一郎　長崎県赤十字血液センター顧問・元長崎大学医学部教授・元長崎大学大学院医歯薬学総合研究科原爆後障害医療研究施設長
田内　広　茨城大学理学部教授・日本放射線影響学会幹事
田中　克己　長崎大学大学院医歯薬学総合研究科准教授
土肥　博雄　日本赤十字社中四国ブロック血液センター所長・日本赤十字社広島赤十字・原爆病院名誉院長・前放射線被曝者医療国際協力推進協議会（HICARE）会長
丹羽　太貫　福島県立医科大学特命教授
沼宮内弼雄　元日本保健物理学会会長・元文部科学省放射線審議会基本部会長・放射線計測協会相談役
波多野裕二　はたの皮膚科クリニック院長
伴　信彦　東京医療保健大学教授・前公立大学法人大分県立看護科学大学准教授・原子放射線の影響に関する国連科学委員会（UNSCEAR）日本代表団アドバイザー・国際放射線防護委員会（ICRP）第1専門委員会委員
福本　学　日本放射線影響学会会長・日本病理学会理事・東北大学教授

細井　義夫　東北大学大学院医学系研究科放射線生物学分野教授・東北大学災害科学国際研究所災害放射線医学分野教授
松井　英雄　東京女子医科大学産婦人科主任教授
松本　義久　東京工業大学原子炉工学研究所准教授・日本放射線影響学会幹事
宮川めぐみ　虎の門病院内分泌代謝科医長・虎の門病院健康管理室長
宮川　清　東京大学教授・日本放射線影響学会前会長
泉二登志子　東京女子医科大学名誉教授
山科　章　東京医科大学循環器内科主任教授・日本循環器病予防学会理事長
吉澤　道夫　独立行政法人日本原子力研究開発機構原子力科学研究所放射線管理部部長・元原子放射線の影響に関する国連科学委員会（UNSCEAR）日本代表団アドバイザー
米倉　義晴　独立行政法人放射線医学総合研究所理事長・原子放射線の影響に関する国連科学委員会（UNSCEAR）日本代表

（五十音順、敬称略）

反対意見をなぜ検証しないのか

田代　私がよく理解できないのは、沢田さんの意見に対して反対の意見があるわけですが、そうであれば、意見や立場は違っても、その意見を再検証して、そのうえで沢田さんと議論をすればいいのではないかと思うのですが。

沢田　そういうことは全然なされていません。そんなことをしなくても、ちゃんと厚生労働省から研究費が出てくるからです。御用学者たちは、厚生労働省に都合の良い発言をしておけば、裁判の証人に抜擢され、国側の証人になって出てくるのです。それで自分の地位が安泰になるわけです。また、科学研究補助金をもらっているので、それを共同研究者に配りさえすれば、研究者の中での自分の地位を維持することもできます。

公衆の被曝限度「年一ミリシーベルト」の法体系は生きている

田代　被曝の話に戻りますが、日本の法律では、公衆の被曝限度量というのが決まっていて、年間で一ミリシーベルト、毎時では〇・一三マイクロシーベルトというのが限度となっています。しかし、現実に福島でやられていることは、「年二〇ミリシーベルトまでは安全だから帰宅してもよい」帰還政策がとられています。そうすると、お年寄りは田舎が恋しいので帰宅したい、若い人たちは怖くて帰らない、という傾向が出る。そこで家庭内問題が起こったりして、大変な状況になっています。

福島の中でも、そういう問題をいろいろ批判的に言ってきた人たち、農家の人たちや行政の人たち、いろんな方がいます。でも、そういう人たちが逆に孤立させられちゃって、今さら寝た子起こすようなことをいうな、というような格好です。

しかし、年間公衆被曝限度量の一ミリシーベルトは、今でも法律として厳然と生きています。たとえば病院のレントゲン室の規定や、原発等放射線の出るところで働く労働者規制などは、法体系化されて今でも規制されているのです。ところが、福島の被災地はそれが取り払われて、年二〇ミリシーベルトまで安全だという。これには何の根拠もありません。ＩＣＲＰやＩＡＥＡが勧告したというだけで、法律ではない。実は彼らも根拠をはっきりと示すことはできません。そういう状態がまかり通っているのは、大きな問題だと思いますし、法治国家としてもおかしな状態です。まさにこれは、棄民政策以外の何ものでもないですね。

沢田　やはり、国際放射線防護委員会（ＩＣＲＰ）が、アメリカなどの核政策に従属した研究者たちによって組織されているのが最大の問題です。厚生労働省が推薦した人が委員になるので、当然その核政策に従属しているわけです。

未だに「一〇〇ミリシーベルト以下ではがんの増発は見つかっていない」ということを平気でいい続けています。真面目に研究している人たちの論文を見れば、五ミリシーベルト、一〇ミリシーベルトと数値が増えるにしたがって、がんの発症率も直線的に増えていることがわかっています。しかし、それをいまだに無視しているのが現状です。

田代　私は栃木県の那須町に住んでいますが、県境を挟んですぐ福島県なので、栃木県や国の測定でも福島県とほぼ同じ被曝線量の地域があるんです。福島県と同じように被曝している子どもたちがいる。非常に重大な問題です。このような政治を許してきてしまった私たち大人に大きな責任がある。「せめて子どもたちには、健康診断を受けさせてくれ」という要求を出していますが、国はなかなか動こうとしません。「線量は低いから問題ない」「収拾つかなくなる」「金がない」という。

「国がやらないなら、私たちでやるしかない」ということで、「低線量被曝と健康プロジェクト」[※25]を立ち上げて、今、子どもたちの甲状腺検診をやっていますが、これについても国や国に指導された自治体は陰に陽に圧力かけてきますね。

これは明らかに人道問題です。確かに線量も低いので、検診をやっているからといってすぐに影響がわかるものではありません。それでも栃木県の北部には、政府の決めた毎時〇・二三マイクロシーベルトを超えている場所が非常に多いのも事実です。だから、現在も東京電力発表では東京電力福島第一原子力発電所からは毎時一億ベクレルの放射線が出ています。毎日放射能を浴び続けている子どもたちのお母さんはすごく心配しています。その心配に応えるためにも、検診をしているのですが。

益川 北関東の自治体では、どのように対応しているのですか。

田代 鈴木元氏などが県や市のアドバイザーをしている状況ですので、まったくお話しになりません。県は何もやろうとしませんし、援助しようともしません。それで私たちが手弁当でやるしかない実情にあるわけです。

沢田　そんななかで、科学者はどう動いたらよいか、ということですね。

田代　そうなのです。先にもご紹介しましたが、私たちは、今の福島県の甲状腺がんの問題に警鐘を鳴らしている岡山大学の津田敏秀氏と、問題ない、といい続けている鈴木元氏をお呼びして、公開対論を行なっていただきました。

益川　結果はどうだったのですか。

田代　完全なすれ違いでした。

益川　答えは出ない？

※25　3・11原発レベル7事故から三年の二〇一四年末に設立された日本の民間団体。原発事故は、福島県だけでなく、宮城県、栃木県、茨城県、群馬県、首都圏などにも深刻な汚染が広がった。福島県の一八歳以下に甲状腺がん患者が一〇〇人を超える状況の中で、近隣県の親たちの極度の不安にこたえようと、「子ども甲状腺検診」実施を掲げ、医師、検診機器、スタッフなどを独自に確保し、主に栃木県北部で実施している。被曝と健康に関する講演、調査、理論の普及にも努めている。代表は田代真人。（電話０８０‐１００２‐４５０４）

放射能問題で「騒いでいるのはマニア」だけ？

田代　双方の意見を聞いて、考えていただきたかったので、すぐ答えが出るようなことを期待してはいませんでした。ですが、そこで改めて驚いたことがあります。

鈴木氏のご意見は、戦後直後に固まったＩＣＲＰの考え方、アメリカの核政策に従属する放射線防護体系の考え方とまったく変わりがありません。聞く耳も持たない、化石のように固まった考えですね。

さらには、「二〇〇ミリシーベルト問題や一ミリシーベルト問題は、もう決着のついた問題です」「放射能問題はマニアが騒いでいるだけ」といっておられました。

沢田　まぁ自分たちが学会のボスだから。私もマニアの一人だな（笑い）。

田代　沢田先生が二〇〇七年、厚労省の「原爆症認定あり方検討会」で証言されたときに、当時の座長代理であった丹羽太貫先生が、「もし沢田先生の線量評価が本当であれば、これは今の（放射能）防護体系がまったく成り立たないということになってしまう」と答えています

（別項2）。これはある意味、正直な発言だとはいえます。裏を返せば、「ひっくり返されたら、たまったもんじゃない」とお考えなのでしょう。自分たちも飯の食い上げになってしまうわけなので。学会、官界、業界全部そうですね。それはよくわかります。

日本は「ノーベル賞」騒ぎすぎ？

田代　さて、毎年秋になるとノーベル賞が話題になります。しかし、益川先生は、「日本は騒ぎすぎだ」とおっしゃっておられますが、そういうものなのでしょうか。アメリカはほとんど騒ぎがないという話も聞いていますが。

益川　アメリカでも多少騒ぎますが、日本ほどではありません。

沢田　やはり、日本では湯川博士がノーベル賞をもらったことの意味は大きいと思います。ようするに、それまで日本の研究はほとんど無視されていて、加えて日本が軍国主義で戦争を行なっていたわけです。ところが、そういう状況のなかでもちゃんとした研究が行なわれていた。そして、戦後における湯川博士の受賞が、日本の平和的な発展の一つの象徴になったわけですよね。これは大きな出来事だったと思います。

田代　なるほど。戦後復興の象徴ですね。

益川　だから、フジヤマ、トビウオの古橋、湯川なんです。

沢田　僕のワイフが、最初は医者になりたいと思っていたそうです。ところが湯川博士のノーベル賞受賞を目の当たりにして、進路を物理に切り替えたんですよ。そして、ずっと物理の教師を勤め上げ、今は定年退職しています。戦争に負けて、日本の将来について展望を失っている状況のなかで、湯川博士がノーベル賞を受賞したことのインパクトはとても大きかった。とくに、若者にとてても大きな影響を与えたことは事実です。

田代　被曝の問題も、今世紀最大の課題の一つだといえると思いますね。沢田先生たちが、被曝の研究を続けておられるということは、私たちにとっても大きな財産だと思っています。

沢田　現在、放射能の被害などさまざまな問題が山積していますので、今後もそうした問題についてよく考え、取り組んでいかなければなりませんね。私が坂田博士の研究室に入り、助教授をしているとき、益川さんはドクターコースの最後の学年で、これから学位を取るという状況でした。しかし益川さんは、そのときすでに哲学的な発言をしており、彼に教える立場だった私は、逆にそこからいろいろなことを学びました。ですから、益川さんへの私の第一印象は、「凄い到達力を持っている若手がいるなぁ」というものでした。いずれにしても、議論できる場があるからこそ、素晴らしい力を発揮することができたのだと、そのとき実感しました。

Ⅳ 沢田昭二さんの問題提起

田代　ことし（二〇一六年）六月、沢田先生はロンドンに行かれて、高等裁判所で証言されるそうですね。

被曝問題は国際的な課題

沢田　はい。二足のわらじという言葉がありますが、私はもっぱら、放射線の人体影響、とくに内部被曝の研究をやっています。その研究の中身を、日本の放射線影響の研究者たちに広めたいと思っていますが、なかなか広がりません。その一番の原因は何かというと、国際的には、放射線の人体影響の研究を行なっている研究者は一万人近くにも上りますが、その大部分が核兵器を持っている国々の科学者です。それぞれの国の核政策に依拠して、国からさまざまな研究資金をもらって研究をしているというケースが圧倒的な多数です。日本は直接核兵器を持っていませんが、アメリカからの影響力が大きいので、日本の厚生労働省や日本政府からの研究資金も、そういう発想で支給されています。このような研究者が放射線影響学会で会議などを行なっているので、なかなか私たちの研究の成果が広がりません。そういう研究者のなかでも、定年退職して、「自分は政府などの資金などはもらわなくてもいい」と割り切れる人は、独自に考えて研究を行なうようになりますが、そうでない科学者は、なかなか私たちのやってることを受け入れません。広島大学を定年退職した二人の研究者は、私といっしょにいろいろ議論できる状況になってきていますが、今後は研究所の方ともだんだんそういう関係を持ってやっていきたいと考えています。

しかし、こういう状況を考えると、内部被曝の問題の深刻さを、国際的に理解してもらうのはとても大変だと思っています。

今、イギリスで核実験に参加した兵士たちが、国を相手にして裁判を起こしています。その原告を支援しているヨーロッパ放射線リスク委員会の科学事務局長クリス・バズビー、会長のドイツの科学者インゲ・シュミット‐フォイヤハーケさんが参加して、細々とではありますが一生懸命やっています。また、彼らが国際会議などを開いてくれるので、私もそこに参加しています。ロンドンの裁判所で証言してほしいと頼まれて、六月一三日から五日間の専門家聴聞会に参加して証言します。

益川　その裁判は、一九五八年に、オーストラリアにあるクリスマス島[※26]で行なわれた核実験のことですか。

沢田　そうです。イギリスは、クリスマス島に大勢の兵隊を連れていって、島から少し離れた沖合いで水爆実験を行ないました。兵隊たちはその様子を島から見ましたが、その場所に放射性降下物がたくさん降ってきたわけです。放射性微粒子は目には見えませんが、影響はすごく強い。そのため島の住民は、平均年齢が五〇歳と、若くして死亡してしまうケースがほとんどです。そしてイギリスの従軍兵士たちもその多くはもう死んでしまっているわけです。したがって、その家族が今、裁判起こしている状況です。で、一審では勝訴しましたが、国が控訴したので、ロンドンの控訴審で証言を頼まれました。私の証言の場合もそうですが、まったく同じことが日本の原爆被爆者の場合でも問題になっています。

つまり、日本政府もアメリカ政府も、「ピカッ」と原爆が落ちたその瞬間に降り注いだ放射線による外部被曝の影響だけで評価するわけです。トルーマン大統領の指示で一九四七年に作られた原爆傷害調査委員会（ＡＢＣＣ：一九七五年に日米共同運営の放射線影響研究所に改編）では、初期放射線の影響を横軸にとり、それを基準にがんがどれだけ発症したかという研究をやっています。爆心地から二キロ離れたら初期放射線はほとんどゼロですから、ＡＢＣＣも放影研も昔は二キロを超えた住民の人たちを比較対象群にして調査を行なっていました。

原爆が爆発したとき、原子雲がもくもくと上っていきますが、雲の真ん中のほうは雨粒が大きいので下の方まで降りて来て黒い雨として有名ですが、横に広がった原子雲は、雨粒が小さいので途中で水分は蒸発して放射性微粒子になるわけです。被爆者はそのことに気づかないので、呼吸などいろいろなかたちでそれを体内に取り込んで内部被曝をするわけです。しかし、そういう実態は全然研究されてきませんでした。

原爆被爆者たちのなかで、爆心地から五キロ以上離れた人たちも放射線の影響で、急性放射線症になっているわけですね。

それを明らかにするために必要な、そういう人たちの髪が抜けるとか、下痢をするとか、そういう急性症状の発症率の調査結果がたくさんあるわけです。でもその調査結果の研究が全然やられてないのです。なぜかというと、そういう影響は無視できると政府も放影研も主張してきたために、放射性影響学会もそれを無視してきたわけですね。

私は、発症率と被曝線量の関係を科学的に明らかにし、それをもとにして研究をするということをやっているのですが、残念なことにそういう研究をやってる人が世界中にいない。ということで日本の原爆症認定裁判で証言し、ロンドンにまで出かけて証言することになったというわけです。

※26　一九五八年イギリス政府は人口三〇〇〇人のクリスマス島沖合いで水爆実験を実施。オーストラリアの援助職員らは、毒物および発ガン性の毒物が給水施設に浸透していることを発見したが、イギリス政府の補償はない。一九九七年一一月、島で水爆実験役務についた部隊員から英政府は訴訟を起こされた。目撃した兵士約一万二〇〇〇人の六〇％が放射線由来の疾病にかかった。スコットランドのダンディー大学の研究者は、「若年死率の加速」を発表。兵士の多くは五〇歳代で死亡、しばしば白血病や多発性骨髄腫が死因に見受けられる。一九九五年欧州委員会（EC）は兵士の家族に補償金の支払いを命じたが、イギリス政府は拒否した。（―論議を呼ぶ1958年のイギリス水爆実験―英オブザーバー紙（『ジャパンタイムズ』一九九七年一二月二五日付要約）

被曝影響問題とパグウォッシュ会議

沢田　二〇一五年一一月に長崎で開かれたパグウォッシュ会議のワーキンググループでも、そういう研究体制の改革を訴えたのですが、まだなかなか全体的な意見にはならないですね。ワーキンググループ1の座長の一人が長崎の原爆病院の名誉院長をされている朝長万左男さんでした。会議が終わった後に話したのですが、朝長さんは私の報告内容をなかなか認めようとしないわけです。そこで今、彼と次のような議論を続けています。

広島も長崎も原爆爆発一分以内に放出された初期放射線による瞬間的な外部被曝線量は、爆心地からの距離とともに急速に減少します。放射線による急性症状の発症率や晩発性のがん死亡率から調べると、どちらの結果も一致して爆心地から一二〇〇メートルで原子雲から降下した放射性降下物の放射性微粒子による内部被曝も初期放射線による外部被曝線量も共に約一五〇〇ミリシーベルトと同じになりました。この距離より遠方では初期放射線被曝は急激に減少するので、放射性降下物による内部被曝が主要な被曝となります。急性症状の発症率からの推定被曝線量は、一五〇〇メートルないし二〇〇〇メートルまでいったんゆっくり増加し、そこから先はゆっくり減少して、爆心地から四〇〇〇メートル辺りからほぼ一定になり、広島ではＡＢＣＣの脱毛のデータのある爆心地から六キロメートルで八〇〇ミリシーベルト、長崎では長崎市と長崎県の調査データから爆心地から一二キロメートルで一二〇〇ないし一三〇〇ミリシーベルトの被曝線量となります。調査データのないもっと遠距離まで被曝をしていると考えられます。

遠距離での被曝線量が長崎は広島の約一・五倍になっています。これは長崎原爆の爆発威力が広島原爆の約一・四倍で、一・四倍の放射性の核分裂生成物が作られたこと、爆弾容器の形が中性子を吸収して放射性原子核を広島より多く作り出したこと、核分裂しないで残ったプルトニウム239がウラン235より約三万倍放射能が強いことなどから一・五倍はもっともらしい値です。

朝長氏はこんな遠距離まで影響があったとは信じられないというわけです。そこで私は、新しいことに気がつきました。

原爆の爆発一時間後米軍機から撮った広島の原子雲の写真があります。水平方向に広がり始めた雲の広がりを測ると中心から、一〇キロぐらいまで広がっています。長崎の原子雲は爆発から四〇分後のスケッチがあって、野母崎まで約三〇キロ広がっています。

広島の原子雲は一時間後で一〇キロ広がり、時間が短い四〇分後の長崎の原子雲の方は約三〇キロの広がりですから、広島より四倍早く広がっているわけです。原爆の爆発力は広島の一・四倍なのですが、それだけではなくて原子雲の広がるスピードが速い。ということは放射能が弱くなるまでに、ここに放射性物質をたくさん降ろしているわけです。だから影響が大きい。

これは新発見なのです。長崎の原子雲が横に広がったスピードが、広島より四倍早かったので影響がそれだけ強いということです。

益川　地形の違いでしょうか。

沢田　地形の影響よりも、爆発威力の違いがあるのではないか、という気がしますね。

田代　長崎の原爆はプルトニウム爆弾ですものね。

沢田　プルトニウムの影響も大きいんですけど、原子雲の高さは一〇キロ以上、一六キロぐらい上がっていて、地形は五〇〇メートルぐらいの高さだから、地形なんかすっ飛ばして上に上がっているわけですね。

朝長さんのような違った意見を持ってる人と論争することによって、新しいことがまた見つかってくるということですね。

広島、長崎の原爆だけではなくてイギリスの核実験のクリスマス島の記録などを読むと、兵士たちがすごい被曝をしてもイギリス政府はまったく無視しています。日本の被爆者よりも平均年齢は若い。一九五八年の実験ですから、そういう人たちがほとんど亡くなっていることを考えると、すごい被曝の影響があっても、政府が依然として無視し続けている。核兵器の実験をどんどんやっているわけです。その国の人たちが、放射線によってすごい被害を受けているのですが、それが隠され続けている。

原発の稼働による健康への影響についての問題では、西尾正道さん（北海道がんセンター名誉院長）と、長崎の元純真短期大学講師の森永徹さんからいただいたデータがあります。

玄海原発のある佐賀県玄海町では、原発が運転される前の白血病の発症率に対して、原発が運転された後は発症率が上がるのです。また、西尾さんが指摘された、北海道の原発のある泊村と、すぐ隣の岩内町だけが、ダントツにがん発症率が高いのです。どちらも事故は起こしていないのですが。

両方とも国際防護委員会の基準に沿って大気中に出す放射能を弱くして放出している。海に流すのも放射能の量を稀釈して出している。にもかかわらず、健康に影響を受けているわけです。そういう状況があるので、それを訴えないといけないなと思っています。

原発の問題も未来の人類に対する深刻な影響です。科学者として、ちゃんと明らかにすべきですが、それを隠してしまう国際的な枠組みがあるわけです。だから、その枠組みを科学者としてどうなくしていくかということを、パグウォッシュ会議の中で提起したのですが、まだ十分に全体の議論になっていないですね。

内部被曝の証明

沢田　放射性降下物による被曝が内部被曝であることについて私が証明したのは、下痢の発症率からです。爆心地から一キロ以内は、脱毛とか、紫色斑点などはほとんど一〇〇パーセント発症しています。ところが下痢は三〇パーセントぐらいしか発症していません。

ところが、爆心地から一二〇〇メートルくらいを超えると、今度は脱毛や皮下出血から起こった紫斑などの発症率は数パーセントくらいに低くなっていくのですが、下痢のほうはそれの数倍大きいのです。

爆心地から近いところは初期放射線が主です。初期放射線を浴びると脱毛なんかは一〇〇パーセント発症するわけですが、下痢の場合は放射線の透過力が強くて腸の壁の細胞まで到達しないと発症しません。

体の中を放射線が貫く透過力で考えると、透過力が強いとは、自分の持っているエネルギーをなかなか周りに与えない、いつまでたってもエネルギーを失わないから、透過力が強いわけです。透過力が弱いのは持ってるエネルギーをどんどん周りに与えるからすぐエネルギーを失い、そこで止まってしまう。透過力の強いガンマ線とか中性子線は腸まで到達できます。

下痢を発症させる外部被曝の場合は透過力の強いものは腸の壁まで到達できますが、透過力が強いから薄い腸の壁の細胞にはほとんどダメージを与えないで放射線は透過してしまう。だから、脱毛などが一〇〇パーセントぐらい起こっていても外部被曝の場合は三〇パーセントぐらいしか下痢を発症しない。

ところが遠距離の方はどうか。放射性微粒子を呼吸などで体内に取り込み内部被曝をする。放射性微粒子が今度は腸の壁に直接くっついて、透過力の弱い放射線がもろに腸の壁の細胞に影響を与えるから下痢を発症させるわけですね。

ということを科学的な学術論文にしました。今の話をちゃんと理解する人は理解してくれているわけです。さきほど話に出たヨーロッパ放射線リスク委員会（ＥＣＲＲ）は僕の研究結果をすごく早くから理解しているわけですね。

二〇一六年六月一三日からロンドンの高等裁判所で証人尋問を受けることになっています。ＥＣＲＲの科学事務局長バスビーさん、ＥＣＲＲの代表でブレーメン大学の名誉教授のインゲ・シュミット‐フォイアハーケさんの要請です。

何の裁判かというと一九五八年南太平洋のクリスマス島とオーストリア大陸中南部の砂漠のイギリスの核実験に参加した兵士たちの被爆をめぐる訴訟です。訴訟を始めた一〇年くらい前は一〇〇〇人ぐらいの退役軍人が裁判をしていたのですが、本人たちはほとんど亡くなって四〇〇人ぐらいで、残り六〇〇人は家族です。一〇年位前でそうですけど、今はもっと減っているでしょう。一審では勝っています。それをイギリスの国防省が控訴して、高等裁判所にかかっている。その高等裁判所に来て欲しいといわれて行くのです。

被爆者の放射性降下物による内部被曝の問題と、核実験の被害とは共通しています。日本での集団訴訟は被爆者側が圧倒的に国側に勝っているわけですね。それから福島原発事故のような場合も、共通性があるわけです。ということを科学的に議論しようと。だから国際的にもそういうことが問題になっていて、裁判所に訴えるとそれを理解した裁判官は道理ある判断をしてくれるわけです。

田代　益川先生、沢田先生、長時間ほんとうにありがとうございました。お話は多岐にわたりましたが、ひと言でいうと、科学と人間の問題、学者、研究者、それを志す者、一般市民ふくめて、人は科学とどう向き合ったらよいか、ということだと感じました。

人類の進歩と幸せ、戦争・軍事技術、為政者・資本の論理、技術革新などが複雑にからみ合う問題です。歴史的にも常に鋭く問われてきました。そうであればこそ、対談のなかで指摘された、今を生きるうえで「科学者は市民・生活者の目を持ち、市民は科学の目を持つ」ことが大切であるということ。この言葉を結びとして終わりとさせていただきます。

（対談日：二〇一六年五月一〇日・一七日、名古屋大学素粒子宇宙起源研究機構・機構長室にて）

名古屋大学物理学教室憲章

Ⅰ 教室会議

1 物理学教室の運営は民主主義の原則に基づく。

2 物理学教室の最高議決機関は教室会議である。

3 教室会議は研究員および教室会議で臨時に承認された者をもって構成する。研究員とはいずれかの研究室に所属し、その推薦を受けかつ教室会議で研究員と認められている者である。

4 物理学教室に関する下記のごとき基本的重要事項は教室会議において議決しなくてはならない。

〈1〉研究室の構成

〈2〉研究室に対する研究費の割当

〈3〉研究員に関する人事

〈4〉主任の選出

〈5〉工場、事務室、図書室の管理
〈6〉憲章の改正
〈7〉教育協議会において議決されなかった事項
〈8〉学生会議より審議を要求された事項
〈9〉研究員以外の物理学教室勤務者全体の代表機関より審議を要求された事項

5 教室会議は年一回定期的に開かれる。

但し研究員の五分の一を越える者の要求がある場合、或いはI、4、〈7〉〈8〉〈9〉による場合には臨時教室会議を開きうるが、研究員の二分の一を越える者の出席を必要とする。

II 教育会議、教育協議会

6 講座相互の連絡、教育上の諸問題の議決機関として教育会議をおく。

7 教育会議は、教授、助教授、専任講師および各期学生より選出された各一名の学生代表および教育会議において臨時に承認された者をもって構成する。

8 教育会議が議決し、学生会議が反対した事項は教育協議会において議決する。

9 教育協議会は教室会議、学生会議より選出された各同数の委員をもって構成する

10 教育協議会において議決することのできなかった事項は教室会議において議決する。

Ⅲ 研究会議

11 研究室相互の連絡、研究上の諸問題の議決機関として研究会議をおく。

12 研究会議は研究室より選出された各一名の研究連絡委員および研究会議において臨時に承認されたものをもって構成する。

Ⅳ 研究室会議

13 研究室はその研究室の最高の議決機関として研究室会議をもたなくてはならない。

14 研究室会議はその研究室所属の全研究員及び研究室会議において臨時に承認された者をもって構成する。

Ⅴ 会議の通則

15 会講の講決は多数決による。但し憲章の改正、人事の議決及び特に重要と認めた事

項の議決は出席者の三分の二以上の同意を必要とする。

16会議はすべて公開であり何人の発言も自由である。

17会議はすべて予告されるものとする。特に教室会議の予告は少なくとも5日以前とする。

18主任は定期教室会議において選出される。但し必要を生じた場合には臨時的教室会議において改選を行うことができる。主任は教室会議を代表し、教室会議、教育会議、教育協議会、研究会議を招集する。

19教授は教室会議、教育会議、教育協議会及び研究会議において議決された事項を、教授会において責任をもって主張しなくてはならない。

20教室会議、教育会議、教育協議会及び研究会議の議決事項は文書あるいは掲示によって全教室職員学生に通告すべきものとする。

Ⅵ 附則

21この憲章は1946年6月13日より有効である。

原爆症認定訴訟に関する質問主意書

（平成二十一年六月三十日提出　質問第六一九号　提出者　阿部知子）

政府は、これまでの原爆症認定却下処分取消訴訟において、二十六回も敗訴している。これに対して勝訴はわずか二回に過ぎない。明らかに政府の主張は、破綻しているのである。このような状況を踏まえ、以下の質問をする。

1　原因確率について　（1）、（2）略

（3）厚生労働省が設置した「原爆症認定在り方検討会」の第二回検討会（二〇〇七年十月四日）で、沢田昭二名古屋大学名誉教授は「残留放射線被曝と内部被曝」について、「放影研の寿命調査を基にした線量評価の結果、残留放射線量は大幅に増加することが分かった。残留放射線は遠距離被曝者や入市被曝者に深刻な影響を与えているし、内部被曝の影響はもっと深刻に考えなければならない」と陳述された。

丹羽太貫検討会座長代理は、沢田教授の陳述に対して、「博士の線量評価が本当であれば、これは今の防護体系はまったく成り立たないということになってしまう」と発言されている。丹羽氏の発言は、沢田教授の陳述が重大であることを意味している。

政府は、沢田教授の陳述をどのように受け止めたのか、明らかにされたい。

（4）厚生労働省が設置した「原爆症認定在り方検討会」の第二回検討会（二〇〇七年十月四日）で、沢田昭二名古屋大学名誉教授は「残留放射線被曝と内部被曝」についての陳述において、放射線防護の一番基礎的なデータである「放影研のデータを、残留放射線の影響をきちんととらえた形で、もう一遍きちんととらえ直して、ICRPなどに送ることはすごく大事な仕事ではないか」と述べている。

政府は、沢田教授の指摘をどのように判断し、また今後、どのような行動に移すのか明らかにされたい。

（以下略）

右質問する。

平成二十一年七月十日受領　答弁第六一九号

内閣衆質一七一第六一九号　平成二十一年七月十日　内閣総理大臣臨時代理　国務大臣　河村建夫

衆議院議長　河野洋平　殿

衆議院議員阿部知子君提出原爆症認定訴訟に関する質問に対する答弁書

1の(3)及び(4)について

平成十九年十月四日の原爆症認定の在り方に関する検討会において、沢田氏及び丹羽氏が、それぞれ御指摘の趣旨の発言をしたことは承知しているが、報告書においては、沢田氏の指摘については触れられておらず、同検討会の委員の共通認識ではないと認識している。したがって、沢田氏の指摘に基づいて、特段措置を講ずることは考えていない。

ラッセル・アインシュタイン宣言（全文、一九五五年）

「人類が直面している悲劇的な情勢の中、科学者による会議を召集し、大量破壊兵器開発によってどれほどの危機に陥るのかを予測し、この草案の精神において決議を討議すべきであると私たちは感じている。

私たちが今この機会に発言しているのは、特定の国民や大陸や信条の一員としてではなく、存続が危ぶまれている人類、いわば人という種の一員としてである。世界は紛争にみちみちている。そこでは諸々の小規模紛争は、共産主義と反共産主義との巨大な戦いのもとに、隠蔽されているのだ。

政治的な関心の高い人々のほとんどは、こうした問題に感情を強くゆすぶられている。しかしもしできるならば、皆にそのような感情から離れて、すばらしい歴史を持ち、私たちのだれ一人としてその消滅を望むはずがない生物学上の種の成員としてのみ反省してもらいたい。

私たちは、一つの陣営に対し、他の陣営に対するよりも強く訴えるような言葉は、一言も使わないようにこころがけよう。すべての人がひとしく危機にさらされており、もし皆がこの危機を理解することができれば、ともにそれを回避する望みがあるのだ。

私たちには新たな思考法が必要である。私たちは自らに問いかけることを学ばなくてはならない。それは、私たちが好むいづれかの陣営を軍事的勝利に導く為にとられる手段ではない。というのも、そうした手段はもはや存在しないのである。そうではなく、私たちが自らに問いかけるべき質問は、どんな手段をとれば双方に悲惨な結末をもたらすにちがいない軍事的な争いを防止できるかという問題である。

一般の人々、そして権威ある地位にある多くの人々でさえも、核戦争によって発生する事態を未だ自覚していない。一般の人々はいまでも都市が抹殺されるくらいにしか考えていない。新爆弾が旧爆弾よりも強力だということ、原子爆弾が1発で広島を抹殺できたのに対して水爆なら一発でロンドンやニューヨークやモスクワのような巨大都市を抹殺できるだろうことは明らかである。

水爆戦争になれば大都市が跡形もなく破壊されてしまうだろうことは疑問の余地がない。しかしこれは、私たちが直面することを余儀なくされている小さな悲惨事の1つである。たとえロンドンやニューヨークやモスクワのすべての市民が絶滅したとしても2、3

世紀のあいだには世界は打撃から回復するかもしれない。しかしながら今や私たちは、とくにビキニの実験以来、核爆弾はこれまでの推測よりもはるかに広範囲にわたって徐々に破壊力を広げるであろうことを知っている。

信頼できる権威ある筋から、現在では広島を破壊した爆弾の２５００倍も強力な爆弾を製造できることが述べられている。もしそのような爆弾が地上近くまたは水中で爆発すれば、放射能をもった粒子が上空へ吹き上げられる。そしてこれらの粒子は死の灰または雨の形で徐々に落下してきて、地球の表面に降下する。日本の漁夫たちとその漁獲物を汚染したのは、この灰であった。そのような死をもたらす放射能をもった粒子がどれほど広く拡散するのかは誰にもわからない。しかし最も権威ある人々は一致して水爆による戦争は実際に人類に終末をもたらす可能性が十分にあることを指摘している。もし多数の水爆が使用されるならば、全面的な死滅がおこる恐れがある。――瞬間的に死ぬのはほんのわずかだが、多数のものはじりじりと病気の苦しみをなめ、肉体は崩壊してゆく。

著名な科学者や権威者たちによって軍事戦略上からの多くの警告が発せられている。にもかかわらず、最悪の結果が必ず起こるとは、だれもいおうとしていない。実際彼らがいっているのは、このような結果が起こる可能性があるということ、そしてだれもそういう結果が実際起こらないとは断言できないということである。この問題についての専門家の見解が彼らの政治上の立場や偏見に少しでも左右されたということは今まで見たことがない。私たちの調査で明らかになったかぎりでは、それらの見解はただ専門家のそれぞれの知識の範囲にもとづいているだけである。一番よく知っている人が一番暗い見通しをもっていることがわかった。

さて、ここに私たちが皆に提出する問題、きびしく、恐ろしく、おそらく、そして避けることのできない問題がある——私たちは人類に絶滅をもたらすか、それとも人類が戦争を放棄するか？人々はこの二者択一という問題を面と向かってとり上げようとしないであろう。というのは、戦争を廃絶することはあまりにもむずかしいからである。

戦争の廃絶は国家主権に不快な制限を要求するであろう。しかし、おそらく他のなにものにもまして事態の理解をさまたげているのは、「人類」という言葉が漠然としており、抽象的だと感じられる点にあろう。危険は単にぼんやり感知される人類に対してではなく、自分自身や子どもや孫たちに対して存在するのだが、人々はそれをはっきりと心に描くことがほとんどできないのだ。人々は個人としての自分たちめいめいと自分の愛する者たちが、苦しみながら死滅しようとする切迫した危険状態にあるということがほとんどつかめていない。そこで人々は、近代兵器さえ禁止されるなら、おそらく戦争はつづけてもかまわないと思っている。

この希望は幻想である。たとえ水爆を使用しないというどんな協定が平時にむすばれていたとしても、戦時にはそんな協定はもはや拘束とは考えられず、戦争が起こるやいなや双方とも水爆の製造にとりかかるであろう。なぜなら、もし一方がそれを製造して他方が製造しないとすれば、それを製造した側はかならず勝利するにちがいないからである。軍備の全面的削減の一環としての核兵器を放棄する協定は、最終的な解決に結びつくわけではないけれども、一定の重要な役割を果たすだろう。第一に、およそ東西間の協定は、緊張の緩和を目指すかぎり、どんなものでも有益である。第二に、熱核兵器の廃棄は、もし相手がこれを誠実に実行していることが双方に信じられるとすれば、現在双方を神経的な不安状態に落とし入れている真珠湾式の奇襲の恐怖を減らすことになるであろう。それゆえ私たちは、ほんの第一歩には違いないが、そのような協定を歓迎すべきなのである。

大部分の人間は感情的には中立ではない。しかし人類として、私たちは次のことを銘記しなければならない。すなわち、もし東西間の問題が何らかの方法で解決され、誰もが――共産主義者であろうと反共産主義者であろうと、アジア人であろうとヨーロッパ人であろうと、またはアメリカ人であろうとも、また白人であろうと黒人であろうと――、出来うる限りの満足を得られなくてはならないとすれば、これらの問題は戦争によって解決されてはならない。私たちは東側においても西側においても、このことが理解されることを望んでいる。

私たちの前には、もし私たちがそれを選ぶならば、幸福と知識の絶えまない進歩がある。私たちの争いを忘れることができぬからといって、そのかわりに、私たちは死を選ぶのであろうか？　私たちは、人類として、人類に向かって訴える――あなたがたの人間性を心に止め、そしてその他のことを忘れよ、と。もしそれができるならば、道は新しい楽園へむかってひらけている。もしできないならば、あなたがたのまえには全面的な死の危険が横たわっている。

決議

私たちは、この会議を招請し、それを通じて世界の科学者たちおよび一般大衆に、つぎの決議に署名するようすすめる。

「およそ将来の世界戦争においてはかならず核兵器が使用されるであろうし、そしてそのような兵器が人類の存続をおびやかしているという事実からみて、私たちは世界の諸政府に、彼らの目的が世界戦争によっては促進されないことを自覚し、このことを公然とみとめるよう勧告する。したがってまた、私たちは彼らに、彼らのあいだのあらゆる紛争問題の解決のための平和的な手段をみいだすよう勧告する。」

一九五五年七月九日　ロンドンにて

マックス・ボルン教授（ノーベル物理学賞）
P・W・ブリッジマン教授（ノーベル物理学賞）
アルバート・アインシュタイン教授（ノーベル物理学賞）
L・インフェルト教授
F・ジョリオ・キュリー教授（ノーベル化学賞）
H・J・ムラー教授（ノーベル生理学・医学賞）
ライナス・ポーリング教授（ノーベル化学賞）
C・F・パウエル教授（ノーベル物理学賞）
J・ロートブラット教授
バートランド・ラッセル卿（ノーベル文学賞）
湯川秀樹教授（ノーベル物理学賞）

著者紹介

益川敏英（ますかわ　としひで）

名古屋大学特別教授・素粒子宇宙起源研究機構長、京都大学名誉教授。1940年生まれ。愛知県出身。理論物理学者。素粒子論。名古屋大学大学院理学研究科博士課程修了。
京都大学基礎物理学研究所教授などを経て現職。2008年ノーベル物理学賞受賞。9条科学者の会呼びかけ人。

沢田昭二（さわだ　しょうじ）

名古屋大学名誉教授。1931年生まれ。広島市出身。中学生の時被爆。理論物理学者。素粒子論。広島大学理学部を経て名古屋大学へ。原水爆禁止日本協議会代表理事。
日本での「内部被曝」研究の第一人者。市民と科学者の内部被曝問題研究会理事長。

企画編集

田代真人

「低線量被曝と健康プロジェクト」(http://hibakutokenko.net/) 代表。1943年生まれ。長崎県出身。広島大学中退。ジャーナリスト。「市民と科学者の内部被曝問題研究会」創設。

編集スタッフ　三宅敏文、門井儀市、寺門宏倫

今をどう生きる――科学・震災・核・被曝を語る

2016年9月30日　初版第1刷発行

著　者 ―― 益川敏英・沢田昭二
発行者 ―― 木内洋育
発行所 ―― 株式会社 旬報社
〒112-0015 東京都文京区目白台2-14-13
TEL 03-3943-9911　FAX 03-3943-8396
ホームページ http://www.junposha.com/
印刷製本 ―― 中央精版印刷株式会社

ISBN978-4-8451-1481-8